本书献给热爱及即将加入
台球运动的朋友们！

中国台球协会推荐用书

台球
进阶技巧图解

庞卫国◎著

化学工业出版社

·北京·

图书在版编目（CIP）数据

台球进阶技巧图解 ／ 庞卫国著． —北京：化学工业
出版社，2020.5（2024.8重印）

ISBN 978-7-122-36259-9

Ⅰ．① 台 … Ⅱ．① 庞 … Ⅲ．① 台 球 - 图 解
Ⅳ．① G893-64

中国版本图书馆 CIP 数据核字（2020）第 030516 号

责任编辑：史　懿　　　　　　　　文字编辑：杨松淼
责任校对：刘　颖　　　　　　　　装帧设计：刘丽华

出版发行：化学工业出版社（北京市东城区青年湖南街 13 号　邮政编码 100011）
印　　装：天津裕同印刷有限公司
710mm×1000mm 1/16　印张 9¾　字数 150 千字　2024 年 8 月北京第 1 版第 3 次印刷

购书咨询：010-64518888　　　　　　售后服务：010-64518899
网　　址：http://www.cip.com.cn

凡购买本书，如有缺损质量问题，本社销售中心负责调换。

定　价：58.00 元　　　　　　　　　　　　版权所有　违者必究

　　台球为四大绅士运动之一，其早期的制作材料昂贵（早期的击打用球是用象牙制成的），流行于欧洲王室、贵族之间，故其装束、礼仪无不体现高雅之气，为众多绅士所推崇。

　　台球流行于我国已有近四十年，早在20世纪80年代，城市甚至是乡村的大街小巷就常见到人们在露天球台上打球。近年来，台球运动在我国不断发展，涌现出丁俊晖、梁文博、潘晓婷、陈思明等优秀球手，他们先后在国内、国际比赛中取得了很多优异成绩，群众对台球运动的关注程度逐年提升。同时，爱好者的素质不断提高，越来越多的高品位的人士纷纷加入台球爱好者的行列，台球在我国被重新冠以"绅士运动"的美称。

　　台球本身是一种力学与数学相结合的非对抗性运动，是力与美的结合。台球的理论简单来说，即力的分解与角度的计算。但由于球与球杆、台呢与库边之间的作用不同，再加上球台的周边环境（湿度）不同，所产生的效果亦千差万别。在观看台球比赛时，各色彩球穿梭于台面，你会惊奇地发现，那些用球杆击打的台球，在滚动、撞击后，最终停下来的位置竟然像用手摆上去的一样理想，你会由衷地赞叹大师们的高超技艺。

　　作为职业球手，经常有爱好者求教台球技艺，我感到应该出一本书将自己多年来对台球的理解告诉给广大的爱好者，使大家能够在球技提高的过程中少走弯路；并使那些喜爱看比赛的朋友们，更容易理解职业球手如何选择和使用不同的杆法、线路，更好地享受台球带来的力与美的视觉冲击。

　　本书照片由马纯先生、网友萨萨的风拍摄；演示球杆由VL品牌专业球杆提供；并得到百度奥沙利文贴吧的帮助，由梅梅子制作全部示意图，萨萨的风、张莉莉负责图文整理和校对。在此一并表示感谢。

　　由于斯诺克与中式台球在器材、杆法和思路上有很多相通之处，但与九球差距较大，且我国台球以斯诺克和中式台球为主，再加上我本人并非九球职业球手，不敢妄加评说，故本书的实战内容只讲述斯诺克和中式台球，恳请读者见谅。

目录 CONTENTS

1 台球运动介绍

台球的历史及比赛项目 / 002

台球器材 / 004
　　一、球台和球 / 004
　　二、击球必备的器材 / 006

台球简要规则 / 009
　　一、中式台球简要规则/ 009
　　二、斯诺克简要规则 / 009

2 给台球爱好者的练习建议

中式台球的阶段练习计划 / 011
　　一、刚入门的爱好者 / 011
　　二、可以连续进3~5颗球的爱好者 / 012
　　三、有清台能力的爱好者 / 013

斯诺克的阶段练习计划 / 014
　　一、刚入门的爱好者 / 014
　　二、可以连续得30~50分的爱好者 / 015
　　三、可以连续得50~80分的爱好者 / 016
　　四、可以连续得80~120分的爱好者 / 017

3 击球姿势与基础练习

正确的击球姿势 / 019
　　一、站位 / 019
　　二、握杆及手架 / 021
　　三、运杆 / 026
　　四、击球练习 / 027

准度的练习 / 030
　　一、主视眼的判断 / 030
　　二、准度的练习方法 / 031
　　三、贴库球、后障碍球和袋口白球 / 034

4 台球杆法技巧

击球点与力的分离效果 / 037
　　一、击球点 / 037
　　二、力的分离效果 / 038

低杆的种类与技术要领 / 039
　　一、定杆 / 039
　　二、低杆 / 040
　　三、搓球 / 044

高杆的种类与技术要领 / 046
一、高杆 / 046
二、推杆 / 048
三、登杆 / 049

旋转球的种类及技术要领 / 052
一、扎杆 / 052
二、旋转球 / 056

跳杆的技术要领 / 060

⑤ **实战应用**

中式台球实战技巧 / 063
一、开球 / 063
二、防止白球落袋 / 063
三、勾球 / 065
四、翻袋与二次撞击 / 066
五、清台练习 / 067

斯诺克实战技巧 / 069
一、开球 / 069
二、围单球 / 073
三、清彩球 / 076

四、围彩球 / 096
五、K球和炸球 / 101
六、低分球过渡 / 110
七、防守、障碍球 / 117
八、解球 / 126
九、组合球 / 131

⑥ **球杆的选择与保养**

一、球杆的材质及性能 / 135
二、球杆的配备 / 135
三、挑选球杆的要点 / 136
四、球杆的保养 / 137
五、手工杆与机械杆的辨别方法 / 138

附录1 台球的规则 / 139
中式台球标准规则 / 139
斯诺克台球竞赛规则 / 140

附录2 常用台球术语的中英文对照 / 146

▶ 2001年庞卫国与
金龙在苏格兰参加
世界职业排名赛

▲2001年庞卫国在英格兰参加世界职业排名赛

▲2006年庞卫国作为CCTV5赛事转播嘉宾在
中国公开赛现场进行解说

1

台球运动介绍

台球的历史及比赛项目

台球被誉为四大绅士运动之一，相传起源于法国，至今已有五六百年的历史。台球运动兴盛于英国王室，无论从球员的着装、器材到规则、礼仪，都突显绅士的儒雅气质。

我国的台球运动起源于20世纪初期，兴起于80年代。1986年，我国成立了中国台球协会，并在当年举办了全国台球邀请赛，以后每年举办一次全国台球锦标赛。

世界台球常见的比赛项目有：斯诺克、中式台球、九球、比利、开伦等。

从项目的难易程度来说，斯诺克难度最大。斯诺克（snooker）的英文含义为障碍，即斯诺克台球不仅自己可以击球入袋得分，也可以有意识地打出障碍球，从而使对方罚分，该项目技术覆盖面极广，观赏性也极强。欧洲各国，由于人们行事比较严谨，且更注重绅士风格，所以斯诺克台球广为流行，代表国家为英国。中式台球和九球的球台比斯诺克小很多，每局比赛时间较短，由于所需进球数少，因此局分变化迅速，比赛激烈。美国、日本等国家，主要流行快节奏的中式台球和九球。比利和开伦相对于其他几项台球来说，爱好者人数较少。

我国爱好者对于各种台球，均有固定的爱好人群。

斯诺克主要流行于南方，以香港、广州、上海为代表；中式台球（根据中式台球规则而来，逐渐衍生为我国特有的打法）主要流行于北方，以北京、东北三省为代表；九球在各地均有爱好者。中式台球在球台的材质和球路上类似于迷你版斯诺克，但形式和规则上都有所不同，这是由于在斯诺克引入我国之初，技术难度较大，为降低难度，国内对原有的斯诺克进行了一些改造，球台的大小参照中式台球球台来设计，台呢、袋口与斯诺克球台相同。随着我国台球爱好者的技术水平和欣赏水平逐年上升，已经有越来越多的人喜爱和练习斯诺克。

目前，全国有数千万台球爱好者，官方及民间大大小小的台球比赛十分常见。我国斯诺克选手丁俊晖、梁文博等，以及九球选手潘晓婷、陈思明，在各自项目的世界职业赛事以及亚运会上取得了优异的成绩。中式台球选手楚秉杰、杨帆等一线高手，也在各项赛事中用高超的技巧展现着中式台球的魅力。他们充分带动了广大爱好者的积极性。台球运动正以其独特的欣赏性和绅士风采吸引着越来越多的人。相信在不久的将来，台球在我国会像乒乓球、羽毛球那样成为贴近人们生活的休闲、健身项目。

台球器材

一、球台和球

中式台球球台和球

中式台球球台外径长285厘米，宽153厘米，高85厘米。共16颗球：白球1颗（又称主球，母球），1号球至15号球共15颗。这16颗球的色彩（或花色）均不相同。

▲中式台球用球

▲中式台球球台及各色球的位置

斯诺克球台和球

斯诺克球台外径长385厘米，宽205厘米，高85厘米。共22颗球：白球1颗，红球15颗（各1分），黄球1颗（2分），绿球1颗（3分），咖啡球1颗（4分），蓝球1颗（5分），粉球1颗（6分），黑球1颗（7分）。2分球至7分球统称为彩球。

▲斯诺克用球

▲斯诺克球台及各色球的点位

二、击球必备的器材

球杆

台球的球杆分为斯诺克球杆和九球球杆。

斯诺克球杆杆头的直径较小（具体的数值为9.3～10毫米），球杆整体前细后粗，粗细过渡均匀。斯诺克球杆由于杆头较小，因此击球的准度及击打点的精度更高。九球球杆杆头粗细变化较小，杆头较大（通常为12毫米左右），更容易发力，但击球准度不如斯诺克球杆。由于中式台球是由西方斯诺克转化而来，因此在我国斯诺克球杆最早也被用来打中式台球。由于中式台球的大小与九球相同，现在也有越来越多的人使用九球球杆打中式台球。

斯诺克球杆及部件包括：击球杆、短加长把、长加长把。

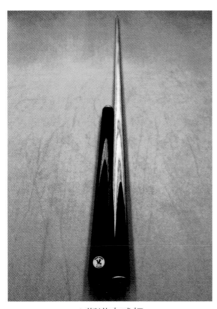

▲斯诺克球杆

▲短加长把与长加长把

九球球杆包括：冲球杆、击球杆、跳杆。

辅助器材

辅助器材包括：各类架杆、套筒、皮头、巧克粉等。

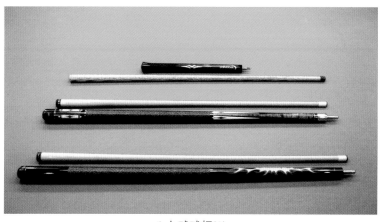

▲九球球杆(1)

注：从上到下分别为跳杆、击球杆、冲球杆

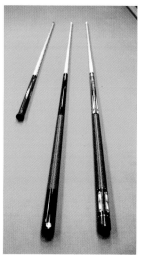

▲九球球杆(2)

注：从左到右分别为跳
杆、冲球杆、击
球杆

◀套筒及各种架杆

注：从左到右依次为套
筒、十字架杆、高
架杆、长架杆

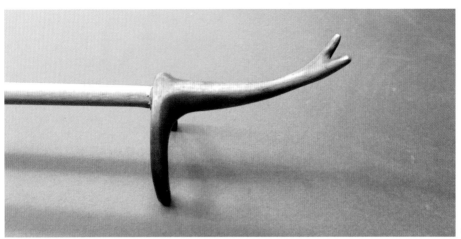

◀蛇形架杆

▲油巧

注：深蓝色巧克粉，多用于
　　中式台球、九球

▲粉巧

注：淡蓝绿色巧克粉，多用
　　于斯诺克

▲皮头(1)

▲皮头(2)

一、中式台球简要规则

开球时白球可放置于开球区内任意一点。如果开球时白球落袋，则由对手将白球码放回开球区中任意一点击球（必须向底袋击打）。

开球时，从1号球至15号球按三角形码放在底案区。任何目标球（除8号球）入袋或者飞出台面，都不再放回球台。击球一方选择全色球（1号球至7号球）入袋后，只能击打全色球；另一方则必须击打半色球（或称花色球，指9号球至15号球）。如果一方犯规，除开球外，另一方可以将白球放在球桌的任意一点击打。一方打完其选择的色球并最终将8号球打入任意球袋者获得该局胜利。

中式台球具体规则见附录1。

二、斯诺克简要规则

开球时白球可放置于开球区（D形区）内任意一点。如果开球时白球落袋，则由对手将白球码放回开球区中任意一点击球。

开球时，从1分球至7分球，都有其各自的点位。击球顺序为一红一彩（称为一套球），并且每次换手后都要从红球打起。红球入袋后不再取出，彩球入袋后放回原来的点位。当击打完所有套球后，应从分数最低的2分球开始，按分值由低到高陆续打到7分球，打入的彩球不再取出。比赛双方按照各自击球获得的分数计分，一方犯规时将相应罚分加到对方分数之上。一局比赛获得分数高者获胜，如果双方平分，则将7分球放回点位，击入7分球（在击入7分球的同时不犯规）者获胜。

斯诺克具体规则见附录1。

2 给台球爱好者的练习建议

　　有很多爱好者经常问，到底需要经过怎样的练习才能使球技达到一个比较理想的水平；还有些爱好者，已经有了一定的实力，但继续练习，水平提高得很慢，甚至停滞不前。在这里，我以一名职业球手的经历，给大家一些练习的建议。

中式台球的阶段练习计划

　　在我国，大多数爱好者接触台球运动都是从中式台球开始的，有了一些基础之后，无论是继续练习中式台球，还是改打斯诺克或九球，都相对容易一些。我将中式台球爱好者的水平粗分为3个层次，分别给出不同的阶段练习重点。

一、刚入门的爱好者

　　对于刚入门的爱好者来说，强化基础是最重要的。有很多已经拥有一定实力的爱好者，由于基础没打好，导致水平难以提高，又不得不翻回头改练基础内容。

重点练习的内容

(1) 姿势

　　强化练习，每次击球都要使用正确的姿势，并逐渐养成一种习惯，为准度和杆法技巧的提高打下良好的基础。

（2）准度

准度在台球运动中是最重要的，初学者应当在此多花些功夫练习。在台面上取一些特殊的点位进行定点练习，每10颗球为一组，进6颗球为合格。具体练习方法可参见031、033页内容。

（3）中杆、高杆、低杆练习

这是3种最基础的杆法，只要运用得当，多数球不加旋转即可走到位。练习方法与准度练习相同，应当做到每一种杆法的练习达到合格再进行下一项练习。

当然，这并不是说，如果通不过这些练习就不能进行实战应用，而是应当抽出一定的时间做专门的练习。练习是基础，对攻是发现不足并学习、提高的重要手段，二者缺一不可。

二、可以连续进3～5颗球的爱好者

由于中式台球的球比较大，而袋口与斯诺克相同，同等距离下，击球准度比斯诺克更高一些，因此如果你能够连续进3～5颗球，说明你击球的准度已经比较好了，接下来应当着重练习走位。

重点练习的内容

（1）蛇彩练习

将15颗球沿球台的纵向中心线均匀地摆放成直线，力求不按序号击打，可以打入全部目标球。

（2）翻袋

重点练习翻中袋。

(3) K球练习

加深对白球力学分离角度的认识，控制走位。

三、有清台能力的爱好者

有清台能力的爱好者，准度和控球能力较好，应当着重锻炼上手就清台的能力。因为中式台球高手对决，先上手者如不清台，就意味着有极大的可能性输掉这局球。

重点练习的内容

(1) 开球训练

尽可能地大力冲球，以保证多数情况都能有球下，使自己获得率先上手的机会。

(2) 培养清台的思路

开球后，首先应全面观察球形，对自己每一颗色球的位置都要心中有数，然后计算出一个清台次序，如先打哪颗、后打哪颗、哪颗需要K球、什么时候K球、怎样K球等。击打过程中如白球不到位、不能按原计划进行，需要重新通盘考虑。

斯诺克的阶段练习计划

　　斯诺克对于击球顺序有着很强的要求，且球台大、球小，无论是准度还是对白球控制，难度都要更上一个层次，因此把握练习时间和频率就显得格外重要。如果你平常的工作学习比较忙，只有每天晚上和周末可以打球，那么想要提高球技每周需要练习8～10小时。周末的练习时间可以长一些，这样能够保持一定的连贯性。通过这种不间断的练习，坚持2～3个月，在准度和基本的白球控制方面就会有明显的提高。

　　根据斯诺克单杆得分情况，我将爱好者的水平分为4个层次，分别给出练习建议。

一、刚入门的爱好者

　　大多数斯诺克爱好者都是从中式台球转打斯诺克的，有一定的基础。击球姿势还是首先要强调的，另外，由于斯诺克与中式台球的球径、球台大小相差较大，在准度上要强化训练。

重点练习内容

　　(1) 准度

　　推直线球　首先从半台开始(例如6分球点、5分球点)，与中式台球练习相同，每10颗球为一组，进6颗为合格，掌握斯诺克瞄准的位置，并在合格后逐步运用各种杆法，增加距离。

　　角度球练习　将任意一颗彩球摆放在其点位上，使白球从不同角度打进彩球，即做彩球的定点练习。

(2) 中杆、高杆、低杆练习

具体方法见本书"台球杆法技巧"部分内容。

二、可以连续得30～50分的爱好者

如果连续得30～50分为你的最高分，说明你对白球已经有了一定的控制能力。那么我建议你在白球的击打点上要多下一点儿工夫，丰富白球的击打点位。我们知道，对刚入门的爱好者而言，白球的击打点可看作9个，而对于职业球手来说，白球的击打点有无数个。丰富白球的击打点可以提高你的控球能力。

重点练习的内容

(1) 旋转球的练习

击打半台球，白球加左右旋转，每10颗球一组，进6颗球合格。

(2) 围单颗彩球的练习

具体形式见073～075页。目标：连续进球30颗以上。

(3) 清彩球的练习

按照本书清彩球的典型线路练习，目标：连续清台3次。当然，你不一定每次都会成功，但这对控制白球的走位有很大的帮助。

(4) 解球练习

按照本书解球的典型线路练习解球，加强对角度、旋转、力量的认识。

三、可以连续得50～80分的爱好者

如果你能够达到这个分数，说明你已经是一位业余高手了，对白球有较好的控制能力。在这一阶段你需要加强围球练习。

重点练习的内容

(1) 蛇彩练习

先不要追求高分，以清台为第一目标。

(2) 粉球十字练习

以连续围绕粉球进攻练习，可提高半台小范围精确校球能力。

(3) 6彩球在点的围球练习

将6颗彩球摆放在点位上，在高分区摆上几颗红球，白球任意摆放，从3颗红球开始，逐渐增加红球数，目的是获取尽可能高的分数。

(4) 彩球过渡练习

注意避让点位上的彩球，提高白球的控制力，使进攻连续。

四、可以连续得80～120分的爱好者

如果能够一杆得到80～120分，那么你已经做得很棒了，是顶尖的业余选手，多加努力就可以尝试参加一些高水平的比赛了。

重点练习的内容

(1) 防守练习

利用彩球做防守；加强开局阶段的防守，寻找更多的上手机会。

(2) 蛇彩练习

进行蛇彩练习，并可以追求一下147分。

(3) 强化围球思路

开局上手后，对散落的红球要做击球次序的判断，掌握K球、炸球的时机，为自己创造高分机会。

3 击球姿势与基础练习

正确的击球姿势

击球姿势，无论对于初学者还是有一定实力的爱好者都是非常重要的。正确的击球姿势，不仅增强了台球的整体观赏性，更能发挥出各种杆法的最大威力。我们在电视上看到的世界排名在前16位的斯诺克球手，虽然其击球的姿势不完全相同，但基础姿势都是非常标准的，只在一些细节上有所差异。姿势最标准的球手应属史蒂夫·戴维斯和斯蒂芬·亨德利。

一、站位

在身体直立的情况下，根据主球的位置，来判断站位，要保证俯身击球时，后手保持垂直的正确击球姿势。如俯身后，位置不合适，一定要起身调整，不要在俯身的情况下调整前后左右的距离。

▲ 正确的手臂姿势

俯身的高低

以下巴贴近球杆为度，身体自然俯下即可。

重心

两脚应平行站位，宽度大概与肩同宽。持杆手一侧的腿（支撑腿）绷直，另外一条腿应略微弯曲。重心在两腿之间，两腿既不要过分前倾，也不要过分向后，要保证支撑腿、球杆、目标球在同一平面。

▲ 正确的腿部姿势(1)

▲ 正确的腿部姿势(2)

二、握杆及手架

握杆

正常握杆时，手掌尽量放松，用五指把球杆包住，不要过紧，也不要过松，只要能够支撑住球杆的重量就可以了。虎口不留空隙，如果握杆过松或虎口处留有较大空隙，会降低出杆的稳定性；握杆过紧，手腕僵硬，在击打旋转球或者出高低杆时，会造成影响。

架杆的握杆和正常握杆不同，一般是用食指、拇指及中指将球杆握稳，虎口一定要贴住杆尾，不要有空隙，运杆时球杆不要上下晃动。高架杆的使用基本与普通架杆是一样的。

▲正确的握杆动作

▲架杆握杆

手架

手架的目的是尽量使球杆稳定，而且在出杆的时候提供一个有力的支持。手架应承担一点身体的重量，以使手架更加稳定。

正常的手架到主球的距离，一般是在25～35厘米。具体可根据身高、臂长以及球形的不同，做出一些调整。手架越近，出杆晃动越小，准确度越高，但由于运杆距离短，发力较小。手架越远，准度越低，但发力较大。

(1) 中杆手架

四指尽量分开，贴在球台上，掌心向上微微隆起，拇指和食指中间的关节捏紧，形成V字形。

(2) 低杆手架

由于低杆要击打白球的下部，所以掌心不可隆起过高，以免球杆过于倾斜，产生滑杆。

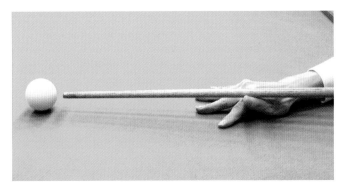

▲中杆手架

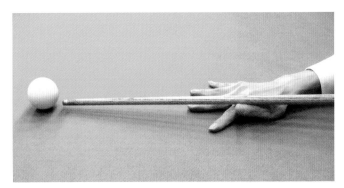

▲低杆手架

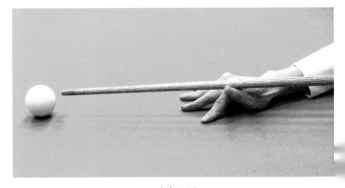

▲高杆手架

(3) 高杆手架

四指前端贴紧台面，掌心隆起，以使球杆可以平行地击打到白球的上部。

(4) 库边手架

库边手架主要有3种。

第一种手架，手形与中杆手架相似，主要用来击打紧贴库边的球。

第二种手架，使拇指、中指、无名指、小指贴紧台面，食指环扣住球杆，由于采用了这种环扣的方式，手形很像凤眼，因此这种手架又被称为凤眼架，常用来击打与库边有一定距离的球。

这两种手架主要用来击打与库边成一定角度的球。

▲库边手架(1)

▲库边手架(2)

第三种手架，中指、无名指、小指贴在库边，食指垂于台面，与拇指形成V字架。这种方法主要用于击打贴近库边且击球线路与库边平行的球。

▲库边手架(3)

▲袋口手架

▲后障碍球手架

(5) 袋口手架

袋口也是库边的一部分，但其能够用于放手架的面积很小，因此手架的方法只与第一种库边手架相同。

(6) 后障碍球手架

以指尖接触台面，四指尽量架高，但必须保证稳定。其余与中杆手架相同。

正确的击球动作

(1) 预备

小臂与地面完全垂直，手架支点距目标球25～35厘米。

(2) 后摆

小臂自然摆至舒适的位置，杆头距手架处不要过远或过近，以出杆不晃动为准。

(3) 击球

手臂摆动至接近胸部或轻触到胸部的位置。出杆时大臂稍绷紧，不要晃动。

◀预备动作

◀后摆动作

◀击球动作

三、运杆

　　运杆的目的首先是为了找准击球点，同时在运杆的时候还可以使自己的心情平静下来，防止由于心理波动，影响出杆的准度。

　　初学者应当找到适合自己的出杆节奏。

　　运杆时杆头应当无限靠近白球，运杆时的瞄球点应当是所决定的击打点，要做到瞄哪打哪。手臂不要有较大的上下浮动，最后在出杆打到白球后，不要把球杆送得过于靠前，大力击球时以轻触到胸部为限，否则动作就会变形。这个送杆过程就是我们说的打到白球之后的随击，随击要适可而止。

　　运杆的次数没有绝对的要求，但应该尽量保证每次运杆次数相同或基本相同。运杆动作要流畅，幅度不要过大，速度要均匀，不要过快或过慢。最后一次运杆时，当杆头无限接近白球时，应该略微停顿一下，目的是最终确认击打点。然后后手向后撤，在撤到最后的时候，也应当做短暂的停顿，目的是控制出杆所需的力量，然后出杆，完成击打。出杆的速度是指杆头接触白球时的瞬间速度，这一速度应当根据杆法来调整。

　　当然，职业球手中也有一些特例：吉米·怀特即使运用高杆，在运杆的时候也总习惯于瞄低杆的位置；有"火箭"之称的罗尼·奥沙利文最后一次运杆，后手后撤时并没有明显的停顿动作，而是一贯而出；而我国香港球手傅家俊在刚进入职业比赛时，击球前是几乎不运杆的，现在在运杆方式上已有所调整。这也说明职业球手在其职业生涯中，也是在不断改进技术的。初学者应当尽量使自己按照标准的运杆方法去做，这样才更有利于水平的提高，并不是每个人都拥有顶尖球手那样的天赋。

　　【错误示例】有些爱好者喜欢像鸡啄米一样快速短距离来回运杆，或者运一下杆停顿一次（运杆动作不连贯），或者趴下去后急于出杆，这都是不正确的。几次运杆之间应当是连续的，其目的是通过几次连续的运杆，来为最后一次的出杆做准备。不连贯的运杆，会使出杆的感觉与运杆完全联系不上，也就失去了运杆的意义。而像鸡啄米一样地运杆或不运杆而急于击打，往往会找不准击球点。

四、击球练习

　　初学者往往出杆不稳定，本来想打白球的中点，出杆后却往左偏或往右偏。一方面可能是因为出杆后立即起身，这个起身趋势，使球杆在击打白球的一瞬间，动作发生了变形。良好的击球习惯是：在击打完白球后，使球杆及身体保持短暂的停顿。当然，白球距离目标球很近且需要使用低杆的情况另当别论。另一方面，初学者容易在出杆过程中动作发生变形，这就需要通过不断的练习来稳定自己的出杆。

简单的白球直线练习

　　首先，将白球放在4分球点上，在白球左右各间隔一个球的位置，放上两颗其他球，在和7分球点位连线的库边摆放一标识物（巧克粉），击打白球，并使其沿着彩球点位直线运行，在吃库后仍沿直线返回。如果白球能够从另外两颗彩球的正中间穿回，说明你确实打在了白球的中心线上。如果撞到彩球或偏向于某一颗彩球，说明你击球带旋转，需要重新调整击球点。

　　你也可以利用这种方法，来判断旋转球的击打点及其对应的效果：击球点越靠右，白球在吃库之后便会向右偏转越多，反之则向左偏转。

▲简单的白球直线练习

架杆击球的方法

架杆相对于手架来说，稳定性显然会相差很多，但如果某一位置使用架杆比使用手架舒服许多，还是建议爱好者尽量使用架杆。

在使用架杆时首先应了解正确的姿势：持杆手与同一侧的腿在进球线上，两腿与肩同宽。手肘水平或放低一点，使杆尾在下巴附近，并留有一定的空间，以使运杆更加流畅。架杆尽量摆在球杆的正下方，以降低对视线的影响，有障碍球的情况除外。架杆运杆要尽量平稳。高架杆的使用基本和用架杆一样，要注意的是杆头应打在白球的中心线上部，不要加左右旋转，否则很难把目标球打进。

击球的力量控制

击球的力量与运杆时后手向后撤的距离成正比，因此想要发大力，就需要将后手尽量后撤。单纯击打白球的力量练习对实战击球没有太大意义。因为在实际击打中，白球运行的距离与下球角度、力量、所用杆法、台呢状况等多种因素有关。但极轻力量的推球练习，在做障碍球的时候是有用的，可以适当练习。

准度的练习

　　击球的准度是台球最基础、最重要的技术，如果击球不准，即便白球的走位再好，也只是为他人做嫁衣裳。准度典型的技术代表是有"金左手"之称的马克·威廉姆斯，澳大利亚名将"墨尔本机器"尼尔·罗伯逊，以及被网友们戏称为"准神"的特鲁姆普。

一、主视眼的判断

　　找好主视眼对击球准度很重要，最简单的判断主视眼的方法如下图，在眼前竖起一根手指，记住双眼睁开时手指的位置，然后分别闭上左眼和右眼：如果闭上右眼手指偏右，而闭上左眼手指偏左，那么你就是双眼主视；如果闭上左眼，手指位置不变，而闭上右眼手指明显偏离原来的位置，说明主视眼是右眼；反之主视眼为左眼。

　　每个人的主视眼是不同的，而瞄球时要尽量使主视眼与球杆的位置保持一致，因此将球杆放在下巴的正中，并不一定适合每个人。如果你注意观察，许多职业球手会将球杆放在下巴处偏向主视眼的一边，或是将球杆放在下巴的正中，而使主视眼偏向球杆，只有在双眼主视的情况下才使眼正、杆正。

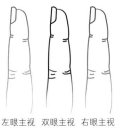

左眼主视　双眼主视　右眼主视

▲判断主视眼

二、准度的练习方法

直线球

准度应从最简单的直线球练起。

如果是斯诺克球台，可以将彩球放在点位上击打，由易到难，距离逐渐加长。如果是中式台球，可以放在台面中心及开球区，根据不同距离来进行击打练习。

以10颗球计，在同一个点位上，打进6颗球即为合格，可以更换下一个点位进行练习。

直线球击打过关后，可以试着添加一些杆法，比如在同样的位置上，从最简单的定杆开始练习，依次使用低杆、高杆、左右旋转球进行练习。如果全部合格，说明你的直线球准度已经达到了一个很不错的水平。

角度球

(1) 瞄准

瞄准的位置应该在目标球后方（以下球方向为前方）、距目标球为1/2球径处，但是这个位置初学者很难马上找到。建议初学者在目标球的后方用另外一个白球（标志球）去无限靠近它，然

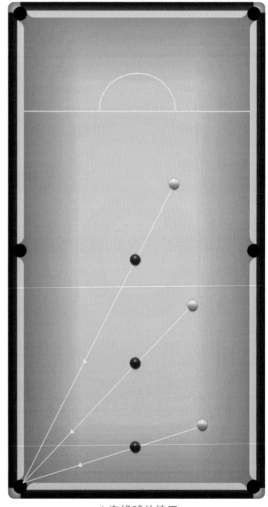

▲直线球的练习
注：红球由下到上分别位于7分球、6分球、5分球的点位上

◀2007年庞卫国在日常训练中

◀2007年庞卫国在全国斯诺克
大奖赛比赛中

◀2017年庞卫国与弟子陈思明在
土库曼斯坦亚洲室内运动会

后站在要击打的白球一侧，观察白球、目标球、标志球的相互掩映位置，并在脑海里记住这个位置。最后撤去标志球进行击打。如果只有一个白球，最好把白球的初始位置用其他球替换出来，再用这个白球贴近目标球，找到瞄准点。因为用白球瞄球的直观效果比其他球要好得多。

经过若干次这样的训练，初学者可以很快掌握瞄准的位置。

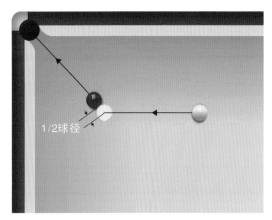

▲瞄准的位置

▲利用双白球瞄准并记住相互掩映位置

(2) 角度球击球练习

将目标球摆在球台的中心，在其与库边1/2处，纵向码放5颗白球。如果有条件，可以均用白球，条件不足，可以纵向码放5颗不同颜色的球，将这些球逐一替换为白球来击打目标球，一方面更利于加深白球瞄球的印象，另一方面使用白球作为击打球也是对台球运动的尊重。每颗白球之间间隔一个球位，从几个不同的角度来做定位球的角度练习。

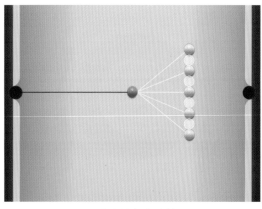

▲5分球的角度球练习

【建议】反角度球由于从白球的位置无法看到预定下球的袋口，这时应当走到白球的后方，观察撞击的位置，然后再进行击打。初学者养成这个好习惯，对提高击球准度很有帮助。

三、贴库球、后障碍球和袋口白球

贴库球、后障碍球（又称为后斯诺克，即手架有障碍的球）和白球袋口球（亦简称为袋口球）是比较难以控制的，即便是顶尖的职业球手，也没有绝对的把握进球。遇到这类球时，如果进球距离较近，可以考虑进攻，否则应当采取防守。

贴库球

(1) 白球贴库

主要可以采用两种方法练习：一种是将若干白球逐一贴在底库向斜向的角袋进行单球入袋练习；另一种高级一些的方法是将7分球码放在点位上，白球从边库一侧的袋口码起，每相邻两颗球之间空一个球位，连续码放大约10颗白球（如果是中式台球，可以将目标球码放在相应的位置上，并且减少一些白球）。从这些位置击打目标球入袋。这些球位对准度的要求是很高的，可以

▲贴库白球练习(1)

适当进行练习，不必强求，因为其中几个贴库的大角度球，在实战中击打风险还是很大的。

【注意】贴库球及后障碍球在击打过程中，白球的下半部分被挡住，只能击打上半部分，击打面积变小且要防止犯规，此时应尽量不要加旋转，否则很容易出现滑杆，且击球进袋的难度也大大增加。

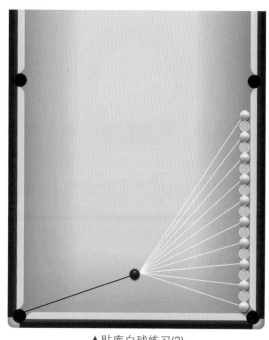

▲贴库白球练习(2)

(2) 目标球贴库

很多人认为击打贴库的目标球时，白球加一些旋转更容易进球，但实际上并非如此。白球撞击目标球后，目标球并未像预料的那样被白球的旋转所连带，产生反向的旋转（微乎其微），这一点，有兴趣的朋友，可以在练习的时候，用表面有标志的白球（也称练习球）来观察一下。

至于如何提高贴库球的准度，其实是没有窍门可言的，必须勤加练习。

后障碍球和袋口白球

后障碍球和袋口白球打入目标球的难度较大，一般不做专项练习，只要保证手架稳定，击球不滑杆即可。在实战中，如果目标球与白球间距离较近可以进攻，如果距离较远则应当采取防守。

4 台球杆法技巧

击球点与力的分离效果

一、击球点

在实际击球过程中，击打到任何点位都会使白球产生旋转，即便是本身不带有旋转效果的登杆，在白球运行时，也会由于受到台呢的摩擦而产生旋转。如果击打中间，白球会产生上旋，如果打在中点到白球边缘任何一个位置，就会使白球产生旋转，越靠近边缘，旋转会越强。在白球边缘向中心约大半个杆头的位置为击球的极限位置，击打在这个位置白球产生的旋转是最强的，超过这个位置就可能出现滑杆。

一般对于初学者来说，白球上的击球点有9个。

点位①：可以使用中杆、推杆、登杆、近距离定杆。

点位②：可以使用高杆。

点位③：可以使用低杆、搓球、远距离定杆。

点位④：可以使用左旋转、扎杆。

点位⑤：可以使用右旋转、扎杆。

点位⑥：可以使用高杆左旋转。

点位⑦：可以使用高杆右旋转。

点位⑧：可以使用低杆左旋转。

点位⑨：可以使用低杆右旋转。

▲白球的9个基础击球点

对于有一定实力的爱好者，能够掌握的击球点为20～30个。而在职业球手眼中，则有无数个击打点。击打点的选择是靠经验不断积累的。

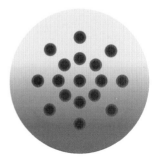

▲增加白球的击打点

当然，我们这里指的点位并不是一个单独的点，而是一小片区域，在某一区域内，都可以打出典型的杆法效果，但实际产生的线路效果则与出杆的力量和速度、台呢的快慢（指球在同等力量击打下，在不同的台呢上运行速度的快慢）及湿度等各种外界因素有关。

二、力的分离效果

白球的角度是指白球与目标球的连线同目标球进球线的反向延长线的夹角（θ）。

在不加杆法（中杆）的时候，白球撞击目标球后，撞击力一部分传给目标球，另一部分维持自身的运行，符合物理中力的分解原理，白球的运行线路与目标球的运行线路是垂直的。白球角度越大，目标球获得的撞击力越小，运行距离也越小，而白球运行的距离越大。如果白球角度小，则目标球运行距离大而白球运行距离小。

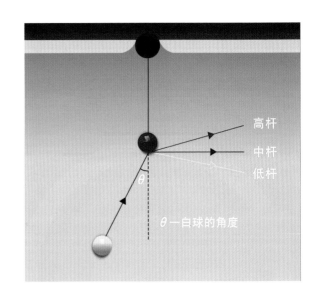

高杆
中杆
低杆

θ—白球的角度

> **说明** 本书中的杆法是指击中白球时所用的杆法，白球实际的运行线路则是杆法、力量、运行距离、球台条件等的综合效果。

低杆的种类与技术要领

　　广义低杆是指所有击打点在白球下半部的杆法。在实际应用中，低杆的使用约占全部杆法的70%。

一、定杆

　　定杆根据击打点和效果来划分，应当是低杆的一种，它是利用台呢的摩擦，抵消白球的回旋，让白球在撞到目标球之后呈完全静止状态。只有在击打直线球时白球才能定在目标球的后面，否则就会沿力学分离角运行。定杆是最简单的杆法，如果在与朋友的交手中，你能正确且恰到好处地使用定杆，特别是长距离定杆，一定会令人刮目相看。因为这需要将力量及白球的击打点拿捏得很准确。

　　技术要领

　　击球点：白球中心点略偏下。

　　力量：中力或大力。

　　出杆的速度：出杆速度一定要快，如果速度过慢就成为推杆了。

　　发力特点：后手小臂在前送过程中，手腕自然抖动加速出杆，手腕、手臂要稍微松弛一些，不能过于僵硬。

　　【练习】初学者可以首先练习近距离定杆（白球与目标球距离较近），以10颗球为一组，白球定住6颗为合格。在掌握近距离低杆之后，练习远距离定杆（白球与目标球距离较远）。

【注意】每一颗球的质量是相同的，从理论上讲，白球正撞目标球后都应该停下来，但由于台呢的摩擦，需要对击球点的高低做相应的调整，白球与目标球距离越远，击球点就应当越低，发力也要越大。如果白球与目标球的距离非常远（如右图中白色虚球的位置），那么实际上所用的杆法是很强烈的低杆。

二、低杆

我们平时所说的低杆是指单纯的使白球在撞击目标球后明显向后运行的杆法，技术代表为吉米·怀特。

技术要领

击球点：白球的下半部。强烈低杆的极限位置大约在距离台面大半个杆头的位置。

力量：视白球预定走位的远近，采用轻力至大力不等。

出杆的速度：速度要快一点，尤其是击打远距离球，否则会打出搓球（见044页）。

发力特点：手腕要尽量放松，随着小臂的运动，手腕有一个自然的摆动，但不要有意识地抖手腕。

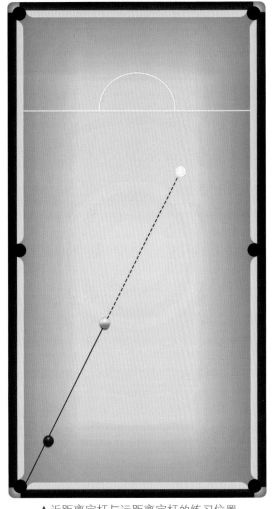

▲近距离定杆与远距离定杆的练习位置

注：实球为近距离定杆练习位置，虚球为远距离定杆练习位置

　　线路特点：在使用强烈低杆时，如果白球与目标球是直球，在撞击目标球后有一个明显的停顿，停顿之后，白球迅速回旋。如果你在使用低杆时白球撞击后也有回旋，但回旋前的停顿不明显，且回旋的速度偏慢，那你很可能打出了登杆。

　　如果击打的是有角度的球，则使用强烈低杆时，白球撞击目标球后，首先由于惯性的作用会沿力学分离角运行一段距离，发力越大，惯性作用下行进的距离越长；随后在自身回旋的作用下，迅速往回运行。综合效果体现为白球的运行线路为一条弧线。但这条弧线的弧度并不是均匀的，前半程弧度较大，随后弧度逐渐消失，当台呢的摩擦力将白球的回旋力完全抵消时，白球就将沿直线滚动前进。如果低杆不强烈，弧线的效果则不明显。

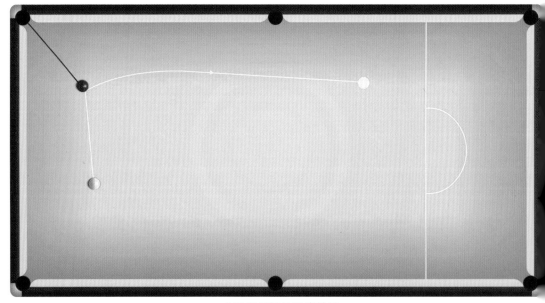

▲强烈低杆的弧线效果

　　可控角度范围：白球角度小于45度，低杆效果较明显，大于45度时，角度越大，低杆效果削弱越多。

　　随击（送杆）：如果想产生较强的向后旋转，随击的距离非常重要，但不是说随击的距离越长，旋转就越明显。如果随击距离过长，动作就会变形。标准的随击距离应当是后手由出杆瞬间垂直于地面的位置向前送出，至后手轻触到胸部位置而止。

【错误示例】不要为了降低击球点而抬高后手，这可能会导致跳球或滑杆，应尽量保持球杆与台面平行。不要刻意地去抖手腕，应当注意手臂与手腕的配合。如果想要发小力而产生较强的低杆效果，应在降低击球点的同时提高击球速度。

【练习】将5分球码放在点位上，按照右图中的方式，隔1～2颗球的位置，码放一个标志球，通过控制击打点位与力量，使白球在击打5分球后，分别滚入后面的球袋以及停留在与标志球平行的位置上。以此来熟悉不同力量与击球点对白球停球位置的影响。

【提示】如果白球回旋时，其线路向左偏，说明你使用的并不是单纯的低杆，而是击打到了白球的右下部，出现了低杆右旋转的效果；反之则是出现了低杆左旋转的效果。如果在使用低杆时出现了跳球现象，这可能是没有使用巧克粉或者击打点过低的原因。

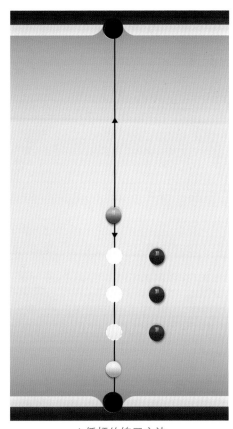

▲低杆的练习方法

三、搓球

搓球是低杆的一种演变，应用搓球时，白球首先产生下旋，在行进中，随着台呢的摩擦，下旋逐渐停止，然后变成上旋。即虽然击打到低杆的位置，白球却产生了向前滚动的趋势（即高杆的效果）。搓球的主要作用是减力，而不是使白球击打到目标球后产生回旋，主要目的是减小白球撞击目标球后的行进距离，在击打远距离球及薄球时效果明显。

技术要领

击球点：正常低杆的击打位置。

出杆的速度：根据距离决定出杆的速度，距离近则出杆速度偏慢，距离远则出杆速度偏快。

发力特点：手腕发力，手部带一些弹力。感觉球杆在白球上啄一下，把白球弹出去。

【注意】低杆搓球一定要注意击球点打在中心线上，否则很容易使白球产生弧线，出现扎杆的效果。

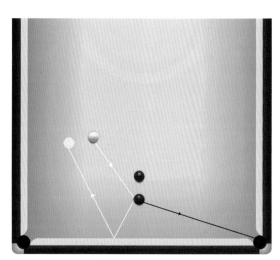

▲利用低杆搓球校位

【练习】低杆搓球在实战中主要用来减小击打角度球和薄球后白球运行的距离。一般不做单独的杆法练习，但可将目标球放在7分球点位上，在其上方不远处放一红球，白球首先在角度较大的位置（大于45度角），利用低杆搓球来击打7分球，使白球在打进7分球后，校到一个击打红球较舒服的位置。如果是中式台球可以用相同花色的球进行相应的练习。

高杆的种类与技术要领

广义高杆是指一切能够使白球产生与出杆方向相同的运动趋势的杆法。

一、高杆

我们平时所说的高杆是指单纯的使白球在撞击目标球后明显向前运行的杆法。

技术要领

击球点：白球的上半部。强烈高杆的极限位置大约在距离球顶大半个杆头的位置。

线路特点：使用强烈高杆撞击直线目标球后，白球也会出现短暂的停顿，随后迅速前冲。如果击打的是角度球，则会形成一条弧线，如果高杆不强烈，弧线的效果不明显。

可控角度范围：小于45度，高杆效果较明显，大于45度时，角度越大，高杆效果削弱越多。

【注意】有些人习惯将后手抬得很高，觉得这样击打高杆不容易出现滑杆，但实际上击球的重心已经不在白球的上部，而是接近球心了，这样很可能让白球产生跳动，使控球的难度大大增加。

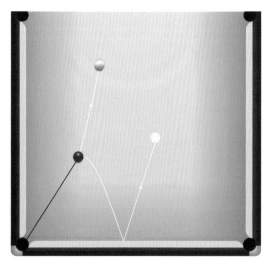

▲强烈高杆的弧线效果

【练习】高杆比较容易掌握，通常初学者都能较快打出高杆。高杆可以结合登杆一并练习，见050页"高杆、登杆练习"。

低杆弧线与高杆弧线的比较

我们已经知道，使用强烈低杆在击打有角度的球时，白球会产生向后的弧线。而强烈高杆的击打点位与低杆是相反的，弧线的方向沿力学的分离线对称。

高杆吸库

很多爱好者会遇到这样的情况：远台有一个很容易击打的袋口球，而白球需要在打进这个袋口球后回到近台，于是，就想利用高杆的前冲作用，使白球更容易返回；但使用高杆之后，白球却停在了距离远台袋口较近的位置。

这种现象就是高杆吸库。它是由于使用了强烈高杆，白球在吃库之后有一个自然的反弹，同时由于它有高杆的旋转，其前旋的方向依然是向库边的，这两个作用效果抵消，最终使白球停在了库边。通常我们可以利用高杆吸库的方法，击打靠近袋口的目标球，产生迅速"刹车"的作用，以此校靠近底

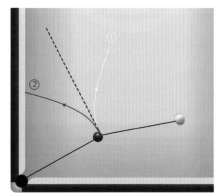

▲低杆弧线与高杆弧线的比较

注：线路①为低杆弧线；线路②为高杆弧线

▲高杆吸库

库（或顶库）的下一颗球。同时，了解了高杆吸库的原理，也可以避免白球停在远台的尴尬位置。

二、推杆

推杆是一种很常用的杆法，初学者所打出的杆法几乎都是推杆。推杆实际上是高杆的一种，在用推杆时，白球撞击目标球后，会产生向前滚动的效果。

技术要领

击球点：白球的中部。

力量：视白球预定走位的远近，一般采用轻力或中力。

出杆的速度：出杆速度较慢。

发力特点：手腕、手臂整体发力，将球轻推出去。

线路特点：白球基本上沿撞击目标球时的力学分离角的方向运行。

【注意】推杆，特别是轻推，如果白球运行的距离较长，在逆毛方向（从底案到顶案方向台呢是逆毛的），尤其是45度角（如右图），台呢对白球的摩擦力相对较大，就会在摩擦力的作用下产生一定的变线效果（虚线为预计效果，实线为实际效果）。因此，在这种情况下使用小力推杆击打距离较远的目标球时，需要对瞄球点有一定的调整。

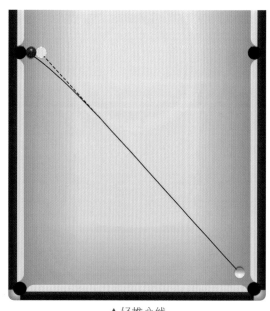

▲轻推处线

注：虚线为目标线路，实线为实际线路

在很多情况下，利用推杆使白球到达的范围是很大的。推杆不发大力，因此动作稳定性较强，白球的击打点位较准，距离较近的球击球准度高。

【练习】将目标球放在球台中心，用推杆推中袋、底袋各10次，以进6次作为合格标准，以此锻炼推杆的稳定性。

三、登杆

登杆是英文"stun"的译音，也被直译为"斯登"。通常情况下，登杆是一种大发力、小走位的杆法。登杆的技术难度在所有杆法中是较大的，力量不易控制，但这种杆法很常用，对提高进球的成功率很有帮助，对于近距离走位也很有效。登杆的灵活运用使近台的围球变得十分轻松，随着水平的提高，登杆的应用也更广泛。

技术要领

击球点：击球点在中心点附近，根据球形以及白球和目标球的距离需要，常选择中心略靠上部或下部的位置，例如中高杆斯登、中低杆斯登。

力量：登杆需要发力较大。

出杆的速度：出杆要略快。

发力特点：手臂、手腕形成一个整体，一同发力，腕部及手臂应该感觉是绷紧一些的。有的爱好者形容登杆如同用球杆将白球蹬出去，这种形容很贴切，很显然，我们在用脚蹬一样东西时，不可能只用小腿，而是要大腿、小腿一起用力的。

登杆与推杆的区别

登杆杆法较难，发力较大，白球的前旋或回旋较少，受台面条件（平整度、顺逆毛、湿度等）的影响较小，白球线路的稳定性较强。推杆杆法简单，初学者容易掌握，但推杆发力较小，特别是轻推，受台面条件的影响较大，白球和目标球的距离越远，越容易出现白球变线。

登杆和推杆的力量均不容易掌握，登杆的力量往往不足，而推杆的力量容易过大。

登杆与推杆的击打位置相似，但走位效果却明显不同。

对于角度较小的球，由于登杆的力量大多传给了目标球，白球在撞击目标球后，由于自身旋转较少，则在台呢的摩擦力作用下，很快停下来，这就是为什么我们常见到职业球手在围球时，发了很大的力，而走位却很小的原因。而在使用推杆时，由于白球自身有前旋作用，因此运行的距离相对远些。

对于角度大的球，由于登杆发力大，所以白球所获得的分力也大，分离角度更大，行进距离更远。

【练习】高杆、登杆练习

将5分球码放在点位上，按照右图中的方式，隔1～2颗球的位置，码放一个标志球，使白球在击打5分球后，滚入前面的球袋以及停留在与标志球平行的位置上。近距离的走位（白球向前走一点），如果使用高杆和推杆是很难实现的，必须使用登杆。随着白球前行距离的加长，登杆的发力也必须越来越大，当距离过大时，就需要使用推杆和高杆来完成了。所以，通过这个练习，有利于根据白球走位的远近来判断所需的杆法。

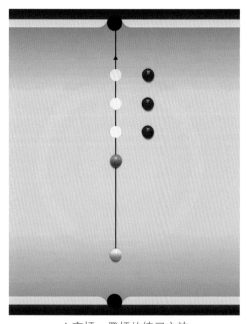

▲高杆、登杆的练习方法

旋转球的种类及技术要领

广义旋转球指一切使白球产生侧向旋转的杆法，包括左旋转、右旋转和扎杆。

一、扎杆

这里，首先介绍扎杆（也称弧线球）是有目的的。通过对扎杆线路的了解，我们就能更好地理解旋转球。

技术要领

姿势：扎杆的姿势不同于普通姿势。首先是手架，因为球杆要倾斜，手架一定要架高（极个别情况，手架是不接触台面的，例如将球杆完全竖起，击打弧线极大的扎杆，实战极少应用）。手架要尽量稳定，有助于提高出杆的稳定性。身体略微侧倾，才有利于球杆产生向下的效果。后手抓杆要向前一些，否则不利于发力。扎杆的弧线与球杆的倾斜角度有非常大的关系，后手越高，球杆倾斜角度越大，弧线越明显。

▲扎杆的正面姿势

▲扎杆的侧面姿势

▲极特殊的扎杆姿势

击球点：白球的击打点沿球杆方向看，是白球中间靠下的位置。但从水平面上看，击打点并不一定是白球的下部。如果需要白球产生向左的弧线，击打点应当偏右，反之则偏左。

击球角度：球杆从上向下倾斜，角度越大，弧线越大（见054页图线路①），但弧线所能达到的距离越短；反之弧线小，但到达的距离长（线路②）。

力量：视白球预定走位的远近，通

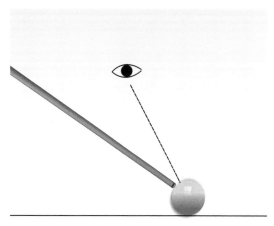

▲扎杆的击打点与视线位置

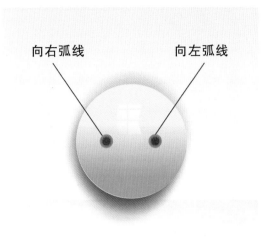

向右弧线　　向左弧线

▲扎杆的击球点

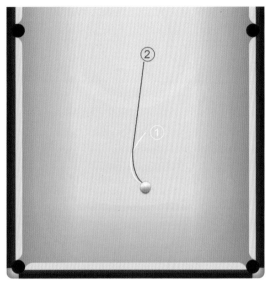

▲击球角度与弧线效果比较
注：线路①的击球角度大于线路②

常采用轻力或中力。一般来说击球的力量越大，弧线出现得越晚，这是因为白球前冲的力量总是比侧向旋转的力量大（球杆完全立起的情况除外），所以，加大扎杆的力量，首先是加强了白球前冲的力量。

出杆的速度：出杆速度中等偏快。

发力：手腕、手臂整体发力，将球弹出去。

线路特点：击球点在左侧，产生向右的弧线；击球点在右侧，产生向左的弧线。该弧线并不均匀，弧度主要出现在前半程。

应用：扎杆相比低杆、高杆、左右旋

▲白球、目标球、障碍球之间的距离
与扎杆线路的关系

转球来说，使用得比较少，多是在解球或者是目标球在袋口而直线进攻有障碍的时候使用。

【提示】在选择扎杆球形时，应注意障碍球与白球之间的距离及遮挡的范围。一般来说，如果障碍球将白球全部挡住，要慎重选择扎杆，因为产生大弧度的扎杆难度较大，容易失误。

另外，如果白球与障碍球之间的距离，超过白球与目标球之间距离的1/2，也尽量不要使用扎杆，因为扎杆的弧线出现在白球运行线路的前半程。如上页图，如果白球与障碍球的距离过远，白球很可能会碰到障碍球（线路③）；线路④则适合用扎杆来解球。

在斯诺克项目中，扎杆解球相对来说还是比较少的，因为白球在撞击目标球后的走位有时很难判断，很可

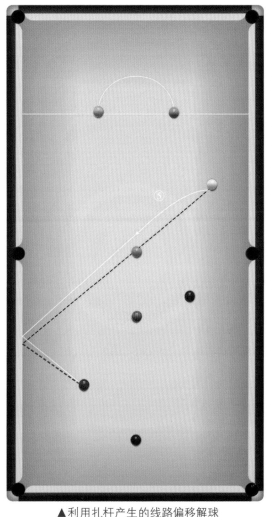

▲利用扎杆产生的线路偏移解球

能因此给对手留下机会。所以除非把握性很大，否则通常还是会选择利用库边反弹的方法解球。

除以上作用外，扎杆还可以用来加大偏移位置。如上图：线路⑤，白球右侧一库解球的线路被4分球挡住，必须吃左边库才能解到红球，左侧线路被5分球挡住，这时可利用扎杆击打，通过扎杆产生的弧线，与自身的旋转校到红球。

二、旋转球

通常我们所指的旋转球，单指左旋转（也称左塞）和右旋转（也称右塞）。

前面我们讲到了扎杆杆尾越高，弧线效果也就越明显，那么与之相反，当杆尾无限降低至与台面平行时，弧线越来越小，也就形成了我们所说的旋转球。旋转球的力量、出杆速度、发力动作与高杆和低杆是一致的。

技术要领

线路特点：白球基本上沿撞击目标球时的力学分离角运行，吃库后左旋转的线路比理论的入射角、反射角线路偏左，右旋转则偏右。下图为白球加旋转时点位与运行方向的说明：显然，击球点越偏左，白球吃库后向左偏移越多。但旋转球的击球点也是有一定范围的，与低杆、高杆相同，极限位置大约在距白球边缘大半个杆头处，超过极限位置就会产生滑杆。

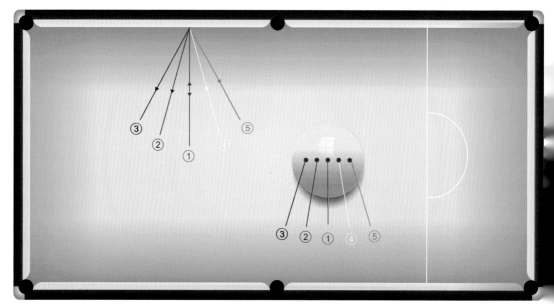

▲旋转球的击打点与吃库后产生的偏移效果示意

【注意】击打旋转球的目的是为了白球吃库后产生线路的偏移，如果白球撞击目标球后不吃库，一般不需要使用旋转球。

旋转球让点

由于旋转球在运行线路上是极微小的弧线，如果仍使用中杆的瞄准方法打直线球，那么实际撞击目标球的点位与瞄球点就有了微小的差距，会导致击球不准。

如下图：当使用右旋转时，我们如按照正常情况瞄点（线路①），则由于白球的实际运行线路为略向左的弧线，因此会沿线路②运行，致使红球偏离袋口，如果我们稍微向右侧瞄一些（线路③），则最终会击打到线路①的位置，并将目标球打进。同理，在使用左旋转的时候瞄点要向左进行调整。这也就是通常所说的"左塞瞄左，右塞瞄右"。

如果你还是很难分清让点位置应当偏左还是偏右，可以想象一下扎杆的弧线效果。至于让点的多少还需要通过练习来积累。

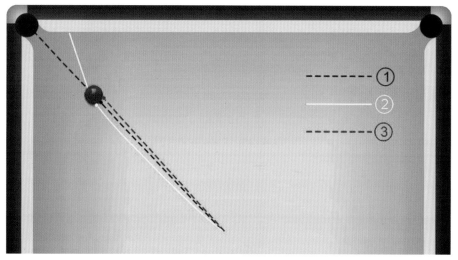

▲旋转球让点的原理示意

顺塞与反塞

通常除了左塞、右塞以外，我们还经常遇到一个概念就是正塞（通常称为顺塞）和反塞。这是指白球所加旋转与白球撞击目标球后运行的方向相同或是相反。如果白球撞击目标球后向右运行，那么右旋转（右塞）就是顺塞，左旋转（左塞）就是反塞；如果白球撞击目标球后向左运行，那么左旋转（左塞）就是顺塞，右旋转（右塞）就是反塞。

如果顺着白球的线路加旋转，旋转的效果就会很明显；反之就不明显。如果想利用旋转球校位，反塞的难度要比顺塞大得多（顺塞在实战中应用较反塞更多）。因此，校位时在杆法的选择上要注意难易程度，避免失误。

力量、高低杆、旋转球的效果比较

击球的角度、距离相同但力量、杆法不同，白球的走位

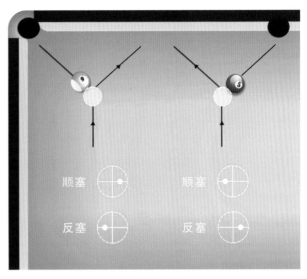

▲顺塞与反塞

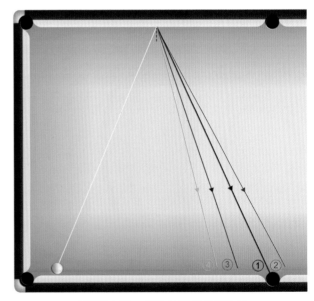

▲不同力量、杆法的线路效果比较

效果有明显的差别。

　　线路①：中杆、中力。白球吃库后的线路符合入射角等于反射角的原理。

　　线路②：轻推。由于白球轻推时会产生前旋效果，因此吃库后的线路向右偏移。

　　线路③：中杆、大力。大力击球时，库的胶边产生较大变形，使白球的线路有轻微的改变，使反射角度变小。

　　线路④：低杆、大力。低杆和大力都会使白球线路向左偏移，因此，二者效果叠加，偏移角度会更大。

　　【注意】当使用高杆时，我们会以为能产生像线路②那样的效果，但实际并非如此。由于高杆需要较大发力，所以，其线路较①偏左。

跳杆的技术要领

跳杆是指使白球跳过障碍球，击打到目标球的杆法。跳杆在斯诺克中是不允许使用的，而在中式台球、九球中是一种非常有效化解吊球（即障碍球）的杆法。

技术要领

击球点：从球杆的角度直视白球，在中心点之下较易打出跳杆（职业选手可以打出更多点位）。

出杆的速度：出杆速度要快。

线路特点：白球的空中跳跃线路呈抛物线，抛物线的高度及跳跃距离与出杆力量、击球角度有关。力量越大，抛物线越高，力量越小，抛物线越低；击球角度越大，抛物线越高，击球角度越小，抛物线越低。但跳杆的抛物线高度与跳跃距离是成反比的，即抛物线越高，跳球距离越短。

【注意】与扎杆相似，在选择是否跳球的时候，应当估算一下所需跳球的距离，如果白球与障碍球距离过远，就要慎重选择跳球，因为跳得越远，杆法、力量越难控制，很可能会撞到障碍球，造成犯规。

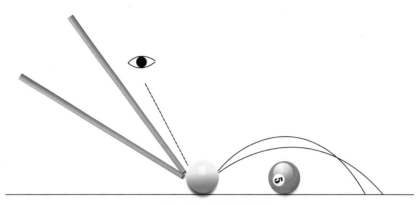

▲不同击球角度与跳球线路的关系

注：球杆越倾斜，抛物线越高，跳跃距离越短

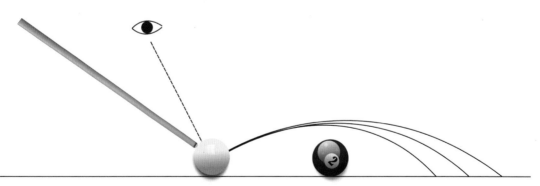

▲不同击球力量与跳球线路的关系

注：出杆角度不变，力量越大，跳跃距离越远

5

实战应用

中式台球实战技巧

一、开球

中式台球开球根据个人习惯，可以选择正面开球或侧面开球。其瞄准方法是：从白球的角度看，撞击球堆第一颗球的正中位置，从顶案的角度看，正面开球和侧面开球的瞄准位置是不同的。

白球尽量大力冲球，一是为了把球炸得更散，二是更容易进球。理论上，如果击球力量足够大，球在球台上运行，吃多库之后，最终总会进入某一袋口。

二、防止白球落袋

由于中式台球球台小，击球时如果不加注意，白球较容易落袋。我们在击球的过程中，应当注意防止白球落袋。如果白球在击打目标球后，根据力的分解原理，其运行线路是向某一袋口的，那么就应当使用高杆或者低杆改变其运行方向，避免落袋。选择使用高杆还是

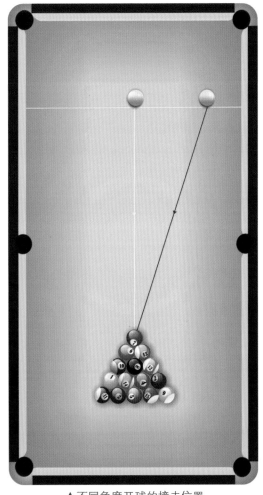

▲不同角度开球的撞击位置

低杆，应当根据台面上的球形来进行一下预判，应尽量保证白球的落点可以击打到下一颗目标球。

以中杆为例：

常见球形一，薄中袋球，白球落底袋；

常见球形二，薄底袋球，白球落另一侧底袋；

常见球形三，白球击球，吃库后落袋。

如加轻微高杆或低杆，都可以避免白球落袋。在实战中，应当根据白球下一杆的击球位置，来选择杆法。

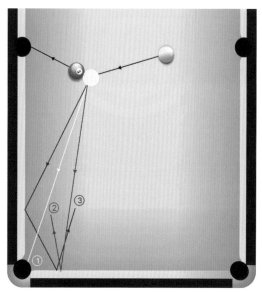

▲白球易落袋的常见球形一

注：线路①为中杆；线路②为低杆；线路③为高杆

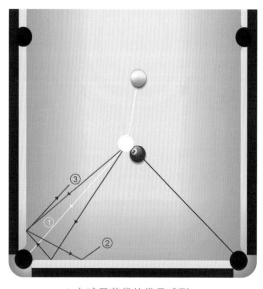

▲白球易落袋的常见球形二

注：线路①为中杆；线路②为低杆；线路③为高杆

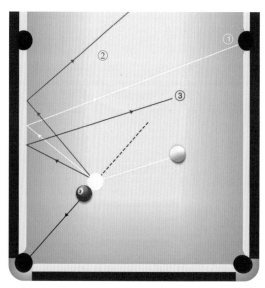

▲白球易落袋的常见球形三

注：线路①为中杆；线路②为低杆；线路③为高杆

三、勾球

当目标球在袋口，白球被障碍球阻挡，无法直接看到目标球，但吃一库即可解到，或是只能从另一侧击球入袋时，可以使用勾球来击打目标球入袋。

勾球通常使用中杆。白球吃库的位置，只要保证吃库的入射角与反射角相同即可。有时还会遇到有不止一颗障碍球的情况，需要略加左右旋转来避让。

勾球是一种简单、实用的实战技巧，在实战中是比较常遇到的。在练习的时候应当注意：如果目标球距离袋口较近，一碰即下，应当防止白球因正撞目标球而跟随目标球一同落袋；如果目标球距离袋口还有一定的距离，应提高白球吃库后撞击目标球的准度。

▲勾球(1)　　　　　　　　　　　　▲勾球(2)

四、翻袋与二次撞击

翻袋与勾球一样，是常用的进球技巧，其线路仍然遵循入射角等于反射角的原理。如果目标球距离库边有一段距离，则可以通过估算，使目标球吃库后，两侧的角度相同即可。如果目标球紧贴库边，则应当使白球在撞击目标球后运行的方向与目标球运行的方向相反，否则两球同向，会发生二次撞击（如下图中的线路②），造成目标球线路改变。

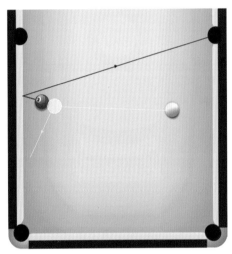

▲ 非贴库球的翻袋

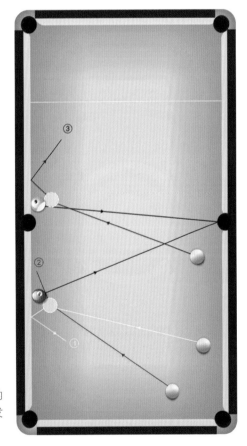

▶贴库球的翻袋

注：实战中线路①、③是最常见的贴库球翻袋线路，线路②会发生二次撞击

五、清台练习

一般来说，中式台球球数较少，每一方只要打入8颗球即可获得一局的胜利，因此，中式台球应当尽量保证上手即清台，否则对手即有可能一杆制胜。

清台主要有两种蛇彩练习：一种是常见的直线形蛇彩，即将全部号码球，随机地、均匀地在球台纵向中心码放成直线；一种是较为少见的直角形蛇彩，即将全部号码球，随机地、均匀地在半台的1/4处码放成直角。

初学者可以不按序击打，只要保证连续下球即可，目标是不碰非目标球，连续打入尽可能多的球。有一定水平的爱好者，可以按照球的摆放顺序击打目标球入袋，目标亦是不碰非目标球，连续打入尽可能多的球，以至清台。

▲直线形蛇彩

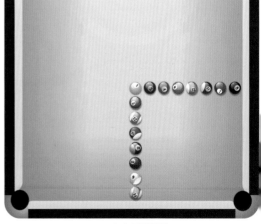

▲直角形蛇彩

斯诺克实战技巧

从斯诺克一局球的顺序来看，包括开球、防守和解球、连续得分、K球和炸球、低分球过渡、清彩球等内容。这些内容的难易程度是不同的，下面将按照从易到难的顺序详细讲解。

一、开球

斯诺克的开球是比较定式化的，国际上绝大多数球员都使用四库开球法，即白球薄球，在撞击红球堆后，吃四库回到开球区。四库开球按照撞击球堆位置的不同分为薄第一颗球和薄第二颗球。

开球应使用中低杆加顺塞，这样，白球在撞到底库之后再撞到边库，回到开球区的下方。

【注意】杆法不要过低，否则白球容易落入底袋。

四库开球（第一颗球）

这是现在多数职业球手采用的开球方法，白球撞击红球堆最下方的第一颗红球，由于这颗红球对于整个球堆的影响较小，所以，撞击后红球散开较小，不易给对手留下机会。这种开球方式，白球的落点能够用3分球和5分球形成斯诺克的概率很高。

▲四库开球（第一颗球）线路

杆法：中低杆顺塞。

开球后红球散开的效果如下图所示。

▲开球效果

四库开球（第二颗球）

这是一种比较有进攻性的开球方式，但风险也相对较大。白球撞击红球堆最下方的第二颗红球，由于这颗红球对于整个球堆的影响较大，所以，撞击后，红球散开较大，容易给对手留下进攻机会，但不利于对手的防守。如果对手远台进攻失误或者防守失误，由于红球散得很开，所以比较利于己方连续进攻，以获得高分。绝大部分现役球手都不选择这种开球方式。因为现在的职业球手准度普遍较高，这种开球方式很容易给对手留下进攻的机会。

杆法：中杆顺塞或中低杆顺塞。

开球后红球散开的效果如下图所示。

▲四库开球（第二颗球）线路

▲开球效果

三库开球

　　对于初学者来说，四库开球的难度比较大，如果低杆旋转控制不好，白球容易落入底袋或撞到袋角而停留在底案。三库开球就可以很好地避免这种失误。

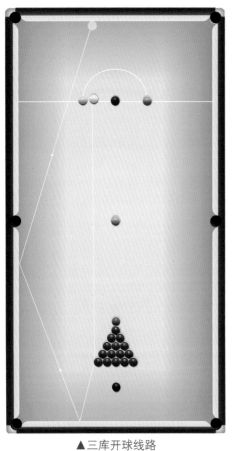

▲三库开球线路

　　杆法：中杆或中高杆。

　　线路特点：白球薄红球堆最下方第一颗球，撞击底库、边库后，回到开球区。

　　开球后红球散开的效果如下图所示。

▲开球效果

二、围单球

7分球定位练习

7分球最常用的进球袋就是两侧的底袋。在前面讲过的"白球贴库球练习"中已经说到，可以将白球沿边库码成一排，从不同的角度击打7分球。而我们在围球的时候最常用到的是白球不贴库、手架比较舒服的位置，在练习的时候，可以沿1/4横台处，码一排类似的白球进行练习，但极限的位置（贴库球或角度过大的球）很少用到，可以少练或不练。

也可以任意摆放白球，但不要超过6分球的点位，因为白球角度过大，一是难度增加不利于初学者练习，二是在实际击打时使用不多。选择好某一白球位置后，在这个位置上多次击打7分球，巩固瞄点位置。

通常，如果白球在击打7分球时，角度向上，是比较容易校到红球的。如果角度向下，力量不足，白球可能会弹不起来，留在库边。经常做7分球的定位练习，可以有效地控制走位。如右图：线路①，白球角度向下，角度的大小适中，手架的位置要舒服。利用中低杆，使白球吃一库，回到原来的位置附近，再将7分球摆回点位，再次击打。如此反复多次，使白球始终控制在同一位置附近。也可利用中高杆（线路②），使白球吃一库，停在与起始位置对称的、击打7分球另一侧底袋的位置，多次练习。

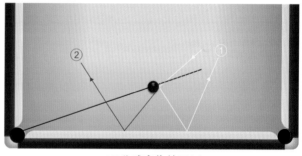

▲7分球定位练习(1)

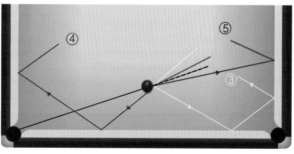

▲7分球定位练习(2)

这种练习可以很好地控制白球的走位和力量，对围球很有帮助。

除此之外，还有3种常见的校球的线路。线路③，白球向下的角度较大（位置与线路①、②基本相同），利用低杆，使白球在靠近同侧底袋袋口附近吃两库，校到一个比较舒服的位置，击打上方红球。线路④，白球向下角度较小，利用高杆，使白球在进球袋袋口附近吃两库。线路⑤，白球向下角度较小，与线路④基本相同，利用低杆，吃一库，直接校到一个比较舒服的位置。

这5条线路是最基础的围7分球的线路，初学者应当多加练习。

6分球定位练习

6分球最常用的进球袋就是两侧的底袋和中袋。首先，我们可以做一些与7分球定位练习相似的白球定点练习，其次还可以做一种控制白球走位的练习。

右图中给出的粉色区域是击打6分球较舒服的区域，也就是白球对6分球的可控区。将6分球放在点位上，从任意位置击打6分球入中袋或底袋，使白球的落点尽量控制在可控区内，然后将6分球摆回点位，接着白球上一杆的落点，继续击打6分球，让白球的落点继续保持在可控区内。如此重复多次，既可以控制白球的走位，又可以从各个角度练习6分球的准度。

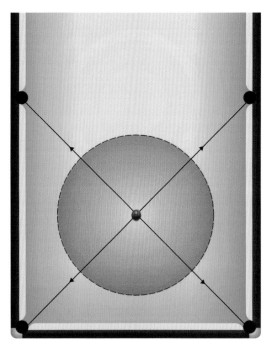

▲6分球定位练习的可控区

5分球定位练习

5分球是球台上最活跃的彩球，6个袋口都是常用的下球袋。

白球和5分球均定点的练习与6分球、7分球相似。而控制白球走位的练习，与6分球的明显区别在于：6分球走半台，5分球走全台。

右图中给出的蓝色区域是白球对5分球的可控区。将5分球放在点位上，从任意位置击打5分球入中袋或底袋，使白球的落点尽量控制在可控区内，然后将5分球摆回点位，接着白球上一杆的落点，继续击打5分球，让白球的落点始终保持在可控区内。

5分球控制白球的练习是有一定难度的，如果某一杆的走位不佳，可能需要发大力，使白球走全台来调整下一杆的位置，初学者可以适当练习，不必强求。

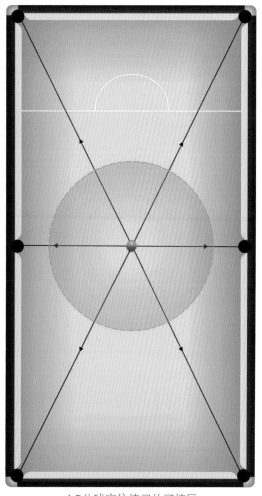

▲5分球定位练习的可控区

| 说明 | 本书由于画面的需要，示意图中球的比例略大，故个别线路可能会与实际线路有微小不同，但线路的起始和终止位置及所用杆法均由实践得来，爱好者可放心练习。 |

三、清彩球

清彩球的走位是过渡球、炸球的基础，由于没有红球障碍，落袋后的彩球也不再摆回球台上，因此，白球的线路多种多样，即使落点不佳，也可以用相应的线路进行调整。可以说，只要你有一定的准度，通过各种杆法练习校位，清彩球还是比较容易做到的。

但清彩球练习的目的不仅是将彩球一杆打完，更要打得简单。一杆好的校位，会使接下来的2~3杆球都非常容易打进，但如果校位很差，需要用很难的杆法调整，不仅容易失误，而且即便你有足够的准度打进这一杆球，也会使接下来的几杆球越打越难，陷入困境。

清彩球练习，理论上应该从打完最后一套球校2分球讲起，通常为7分球校2分球，但是这个线路比较复杂，所以，我们放在清彩球的最后讲解。

▲ 点位上的6颗彩球

2分球校3分球

线路①

杆法：小力低杆。

球形说明：直球或接近直球，直接用低杆将白球拉到适合击打3分球的位置。

线路②

杆法：推杆。

球形说明：向下大角度。

线路③

杆法：登杆。

球形说明：向下小角度。

线路①、②、③是比较理想的击球位置，杆法使用较简单，在刚开始练习清彩球时，应该从这3条线路练起，有助于提高成功率，增强信心。

线路④

杆法：高杆。

球形说明：向上小角度。

线路⑤

杆法：中低杆右旋转。

球形说明：向上大角度，较接近2分球在顶库上的垂线。

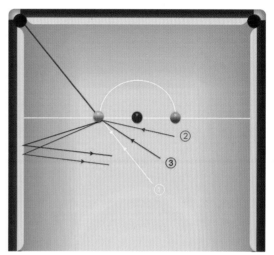

▲2分球校3分球(1)

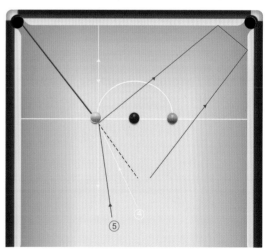

▲2分球校3分球(2)

线路④、⑤是击打完最后一套球校2分球时，白球落点比较糟糕时的线路，需要相对难一些的杆法进行线路的修正。这2条线路可做适当练习。

当然，实际的线路远不止这些，我们偶尔能够见到的还有击打2分球中袋及右上角顶袋的线路，但由于这两种线路基本上都是在校球失误时才会用到，并不是基础练习，因此不用做专门的练习。

3分球校4分球

3分球与2分球的位置是对称的，因此白球的校球线路也较为一致，但应当注意的是，下一颗目标球是4分球，击球的力量一定要控制好。

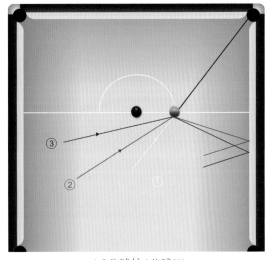

线路①

杆法：低杆。

线路②

杆法：登杆。

线路③

杆法：推杆。

▲3分球校4分球(1)

说明 | 由于实际击球过程中，白球与目标球之间的距离、角度等的细微变化，需要在杆法的使用上进行一些小的调整，因此有些球形会给出两种杆法，供爱好者选择使用。

线路④

杆法：高杆。

线路⑤

杆法：中低杆或中低杆左旋转。

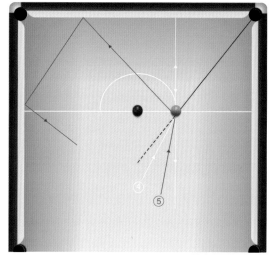

▲3分球校4分球(2)

通过以上几条线路，我们不难看出，白球与目标球的角度及其相对的线路是有一定规律的。以2分球为例，刨除一些极限的位置和杆法，白球从右到左，在撞击目标球后，白球的运行线路有从左到右的趋势。因此，在练习的时候，我们可以利用这种规律判断具体球形白球相应的走位以及所应采用的杆法。

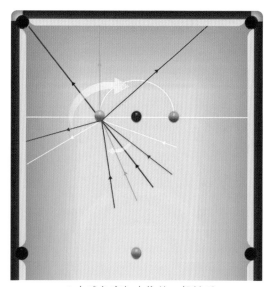

▲白球角度与走位的一般关系

4分球校5分球

线路①

杆法：低杆或低杆右旋转。

球形说明：直球或接近直球。

线路②

杆法：登杆

球形说明：击球角度向下，略大，是较为理想的击球位置。

线路③

杆法：低杆

球形说明：线路③和线路②是同一点位使用不同杆法的效果。

线路④

杆法：中高杆。

球形说明：击球角度向上。

线路⑤

杆法：高杆。

球形说明：击球角度向上，角度比线路④略小。

线路⑥

杆法：高杆。

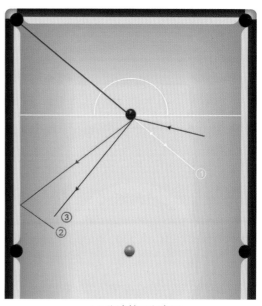

▲4分球校5分球(1)

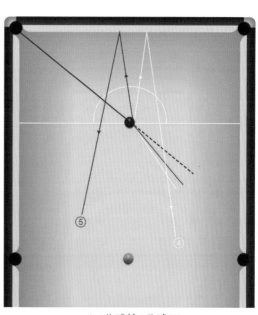

▲4分球校5分球(2)

球形说明：击球角度向上，角度比线路⑤略小，比较接近直球。

线路⑦

杆法：中杆右旋转。

球形说明：击球角度向上，角度比线路④略大。

线路⑧

杆法：中低杆右旋转。

球形说明：击球角度向上，角度很大，超过45度。

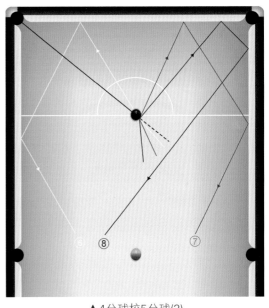

▲4分球校5分球(3)

线路④至⑦的角度变化很小，在台面上，每条线路相差只有大约一颗球的位置，线路⑧为前一杆校球失败时的调整线路。对于初学者来说，只要熟练掌握线路①至③就可以了；有一定实力的爱好者，可以尝试练习线路④至⑦，而线路⑧在实战中并不是很常用，不必做专门的练习，当遇到这种球形时，知道可以使用这种方法调整即可。在实战中，没有太大把握进球，做一杆防守有时可能是最好的选择。

5分球校6分球

线路①

杆法：低杆。

球形说明：中袋直球。注意控制低杆的力量，略拉回一点，做到6分球向下角度且不靠近库边是最好的。如果白球有很小的向下角度，可以选择低杆拉回，吃一库校到6分球。

线路②

杆法：中高杆斯登。

球形说明：中袋向下小角度。选择使用推杆也可以校到位，但白球距离6分球较远，不利于击打6分球。

线路③

杆法：中低杆斯登。

球形说明：白球的位置如线路②，只是使用的杆法不同。

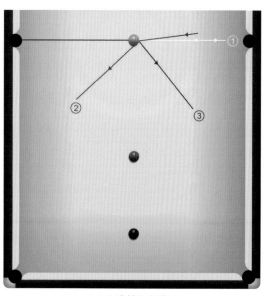

▲5分球校6分球(1)

线路④

杆法：中杆右旋转或中高杆右旋转。

线路⑤

杆法：中低杆左旋转。

球形说明：中袋向下角度较大。当击球角度大时，白球撞击目标球后，沿运行方向上的分力也大，很难在短距离内停住球，可以吃两库来校球。旋转的目的是使白球在吃库后，向球台的中央多弹起一些，更利于击打6分球（当然有些角度不用加旋转刚好高杆两库校位）。

线路⑥

杆法：中杆左旋转或中高杆左旋转。

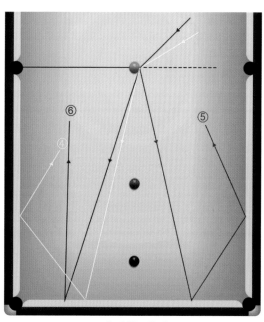

▲5分球校6分球(2)

球形说明：中袋，角度向下，大于线路④。这是5分球校位不太理想的位置，白球的力量变得很难控制，需使用较强的顺塞，使白球垂直弹起校6分球。

线路⑦

杆法：中高杆右旋转。

线路⑧

杆法：中低杆右旋转。

线路⑨

杆法：中高杆左旋转。

线路⑩

杆法：中杆右旋转（原路返回）

球形说明：线路⑦至⑩，白球的位置相同或相近，都是校5分球的较糟糕的位置。由于角度向上且较小，需要发力加旋转走回高分区（能够较易打入高分值彩球的区域），这对击球的准度是一种挑战。

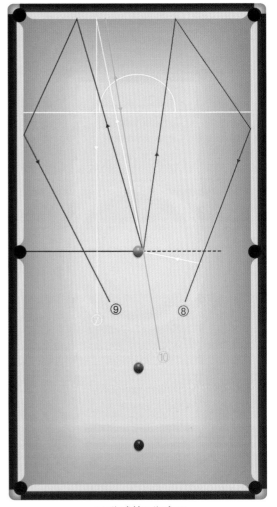

▲5分球校6分球(3)

线路①至⑤是比较常见的位置，杆法的应用也比较简单。普通的爱好者基本上都能够打出。线路⑥至⑩，由于旋转、力量要求较高，更适合有一定实力的爱好者进行练习。

以下几条线路也是在我们观看比赛时较为常见的、校球位置不佳的线路，难度很大，这里我作为线路鉴赏给出来。有实力的朋友可以尝试击打，普通的爱好者了解了这些线路，再看比赛的时候也可以看出更多的精彩之处。

线路 ⑪

杆法：中高杆斯登。

球形说明：底袋向上小角度，白球接近下球线的反向延长线。

▲5分球校6分球(4)

▲5分球校6分球(5)

线路 ⑫

杆法：中低杆或中低杆右旋转。

球形说明：底袋，角度向上，略大于线路⑪，但白球与5分球距离较近，不利于瞄点。

线路 ⑬

杆法：高杆或高杆右旋转。

球形说明：中袋向上小角度，白球接近下球线的反向延长线。

线路 ⑭

杆法：高杆或高杆右旋转。

球形说明：中袋，角度向上，略大于线路⑬。

这几个球形中，线路⑪相对较容易一点。线路⑫至⑭均需要大发力走位，同时需要加较强的旋转。实力较强的爱好者可以尝试击打，以丰富自己的击球线路。

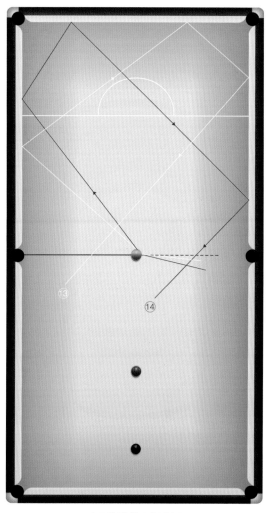

▲5分球校6分球(6)

6分球校7分球

线路①

杆法：中高杆斯登。

球形说明：底袋直球，白球前行直接校到7分球。

线路②

杆法：中杆或中低杆斯登。

球形说明：底袋向下小角度，登杆直接校到7分球。

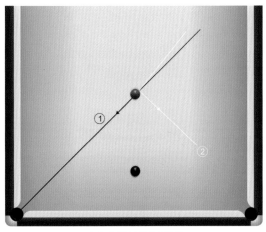

▲6分球校7分球(1)

线路③

杆法：中高杆。

球形说明：底袋，向下角度，比线路②略大。

线路④

杆法：中低杆。

球形说明：白球位置同线路③。

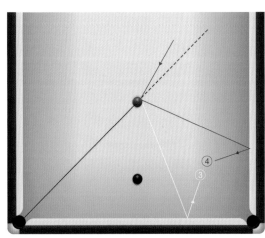

▲6分球校7分球(2)

线路⑤

杆法：中杆或中低杆。

球形说明：底袋向下大角度。

线路⑥

杆法：高杆。

球形说明：底袋向上小角度。白球从6分球和7分球之间穿过，回到击球侧校7分球。

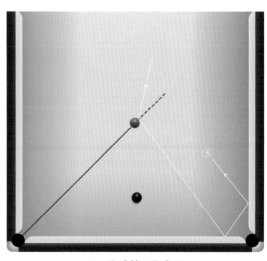

▲6分球校7分球(3)

线路⑦

杆法：高杆。

球形说明：底袋，角度向上，略小于线路⑥。吃库后在另一侧校7分球。

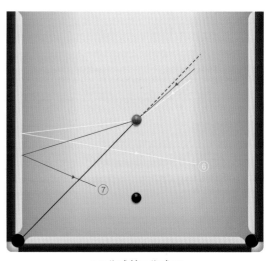

▲6分球校7分球(4)

线路⑧

杆法：中低杆斯登。

球形说明：中袋向下小角度。

线路⑨

杆法：中高杆或高杆。

球形说明：中袋向下大角度。

线路①至⑧是比较理想的位置，其中线路①至④及线路⑧较简单，初学者多加练习即可掌握。线路⑤、⑥、⑦、⑨略有难度，要控制好击球的力量，有一定实力的爱好者可以适当做一些练习。以下线路的走位较大，作为鉴赏线路给出，水平较高的爱好者可以尝试击打。

线路⑩

杆法：高杆。

球形说明：中袋，角度向下，白球与6分球的连线接近平行于底库。由于角度过大，必须吃多库后才能停在较理想的位置，对力量的要求亦比较高。

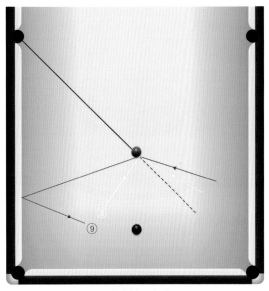

▲6分球校7分球(5)

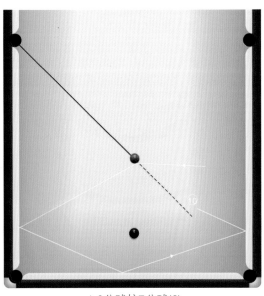

▲6分球校7分球(6)

线路 ⑪

杆法：中杆右旋转。

球形说明：底袋向上大角度。

线路 ⑫

杆法：低杆右旋转。

球形说明：击球角度与线路 ⑪ 相同。

线路 ⑪ 和 ⑫ 是 6 分球校 7 分球最糟糕的球形，需要通过大发力加旋转来全台走位。这也是职业球手遇到类似球形的定式化线路。如果你能打出这样的线路，确实是一件很振奋人心的事。

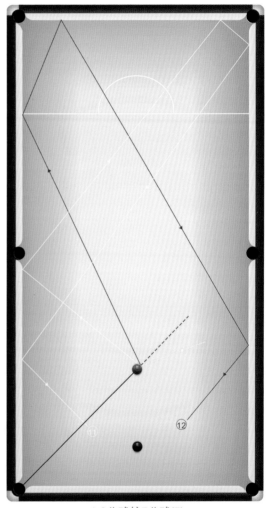

▲6分球校7分球(7)

7分球校2分球

7分球校2分球的走位距离相对较长，且白球位置在7分球的左侧或右侧有多种线路。

线路①

杆法：中高杆。

球形说明：白球位于7分球右侧，角度向上，白球与7分球的连线平行或接近平行于底库。

线路②

杆法：低杆或中低杆左旋转。

球形说明：白球位于7分球右侧，向上小角度。要注意低杆的强弱，如果低杆过强，白球最终停止的位置会在5分球和6分球之间，甚至会给自己形成障碍球。

▲7分球校2分球(1)

线路③

杆法：中高杆或中高杆左旋转。

球形说明：白球位于7分球左侧，角度向上，略大。白球与7分球的连线平行或接近平行于底库。

线路④

杆法：高杆或高杆左旋转。

球形说明：白球位于7分球左侧，角度向下，较小。

线路⑤

杆法：高杆左旋转。

球形说明：白球位于7分球左侧，角度向下，小于线路④。

线路①至⑤是比较基础的7分球校2分球的线路。其中①至④较简单，适合初学者练习。线路⑤由于白球角度过小，需要高杆加反塞发力，在准度上的要求较高，且校到2分球的右侧顶袋，使接下来击打2分球校3分球的难度有所上升。有一定实力的爱好者，可以做适量的练习，最好连同2分球校3分球，进行2杆的连续校位，以提高自己调整球位的能力。

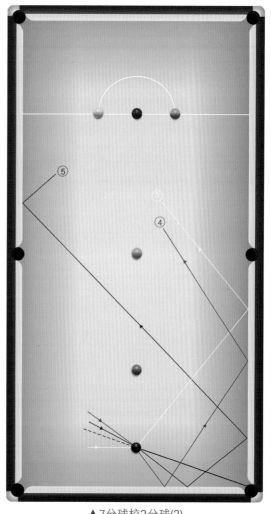

▲7分球校2分球(2)

线路⑥

杆法：中高杆或高杆。

球形说明：白球位于7分球左侧，角度向下，略大于线路④。白球在撞击7分球后，吃一库弹起，贴着6分球直接校到2分球。这条线路较窄，应注意高杆的击打点位，以免白球撞击6分球。

线路⑦

杆法：低杆或中低杆右旋转。

球形说明：白球位于7分球左侧，角度向下，大于线路⑥。加旋转的目的是为了从5分球和6分球之间穿过，校到2分球。在选择击打点时，要注意避开5分球。

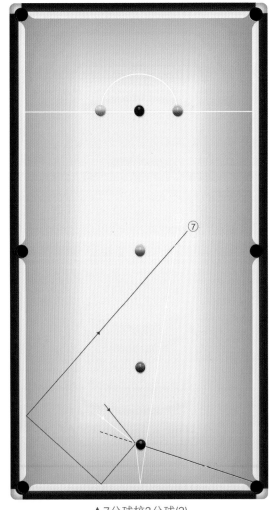

▲7分球校2分球(3)

线路⑧

杆法：中低杆右旋转。

球形说明：白球位于7分球右侧，角度向上。白球吃到顶库并从2分球和4分球中间穿过，校到2分球，对角度的计算及旋转的应用要求都非常精确。

线路⑨

杆法：中杆右旋转或中低杆右旋转。

球形说明：白球位于7分球左侧，角度向上，位置与线路⑧几乎对称。这条线路需要加很强的右旋转（反塞），使白球吃顶库后垂直弹起校到2分球。如果不加旋转，白球容易撞到3分球。

线路⑥至⑨的难度较大，所需的力量及旋转都要很精确，以避开台面上的各个彩球。有一定实力的爱好者可以尝试击打。特别是线路⑧和⑨，作为线路鉴赏，不必强求。

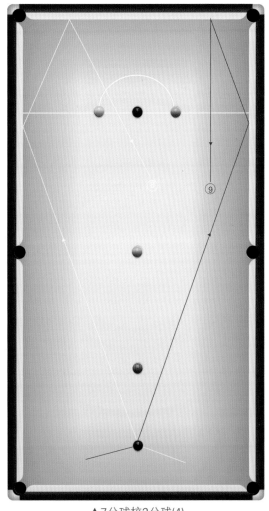

▲7分球校2分球(4)

四、围彩球

连续得分能力在斯诺克项目中是非常重要的。我们经常看职业选手得到单杆100+的成绩，但要想做到在斯诺克实战中连续得分是非常不容易的。截至2019年12月31日，最多147满分杆纪录（15杆）以及最多单杆破百纪录（1035杆）保持者是罗尼·奥沙利文，而单赛季最多单杆破百纪录（103杆）保持者是尼尔·罗伯逊。通常，即使是世界顶尖球手，在刚进入职业比赛的时候，也要花费5～6年的时间才能在正式比赛中打出100个百分杆。对于普通爱好者，能够经常打出30+至50+已经是不错的成绩了。

单排球练习

这是最简单的围高分球的方法。6分球和7分球都在点位上，两彩球之间均匀放置3～4颗红球，按照一红一彩击打，在击打某一颗红球的时候，不能碰其他红球，目的是连续击打完所有的红球。

初学者在进行清彩球练习的同时，可以做这项练习，以提高实战连续进攻的能力。

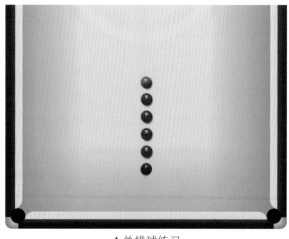

▲单排球练习

蛇彩

这也是一种常用的练习方法，较适合普通爱好者。在底库与7分球、7分球与6分球、6分球与5分球之间，分别均匀码放3颗、5颗、7颗红球，要码在一条直线上。从最贴近库边的红球打起，其他红球的击球顺序没有要求，但在击打某一颗球的时候，不能碰其他球，彩球任意选择，目的是获得尽可能高的分数。

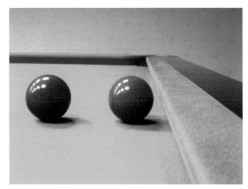

▲蛇彩最近底库的红球不要贴库

【注意】距离底库最近的一颗红球尽量贴近库边，但不要完全相贴，因为如果不是全新的台呢，紧贴库边的台呢会因为长期打球，而产生一条球道，使贴库球变得很好打。

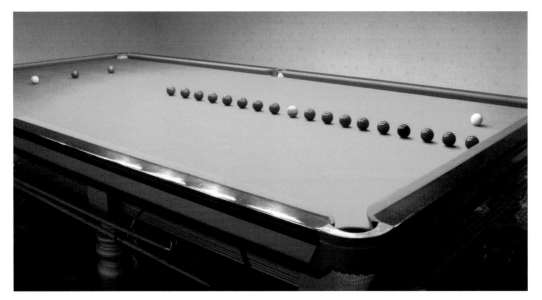

▲蛇彩

粉球十字练习

(1) 围粉球

在粉球的上方和下方均匀码放3~4颗红球，在粉球的左右两侧各均匀码放4颗红球，形成一个正十字形。按照一红一粉的顺序击打，击打任一颗球的时候，不要碰其他球。目的是围粉球并获得尽可能高的分数。

粉球的下球线路较黑球广，实战中应用十分广泛。此项练习可以锻炼半台小范围精确校位能力。

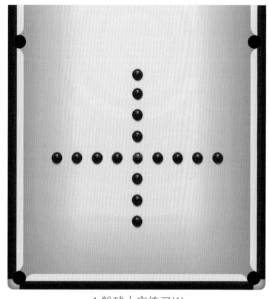

▲粉球十字练习(1)

(2) 围黑球

在粉球对着两侧中袋的线路上，均匀码放3~4颗球，在对着两侧底袋的线路上各均匀码放4颗球，形成一个斜向的十字形。按照一红一黑的顺序击打，击打任意一颗球的时候，不要碰其他球。目的是围黑球并获得尽可能高的分数。由于粉球的线路被红球完全挡死，只能通过各种杆法来校黑球。"火箭"罗尼·奥沙利文也经常采用此种方法训练，有实力的爱好者可以减少一些红球，进行一下走位的尝试。

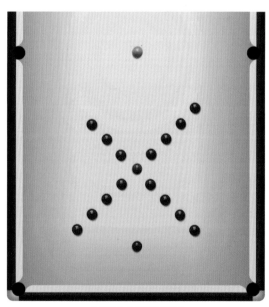

▲粉球十字练习(2)

双排红球围黑球

这是一种较难的围黑球练习，对白球走位的要求很高。红球错位排成双排，每次击打完最下方的红球，次下方的红球才有下球线路，每击打一颗球不得碰到其他球。这是职业球手经常练习的项目，在此给出作为鉴赏，供有能力的爱好者进行尝试。也可以减少红球数量，拉大间距，进行相对简单一些的练习。

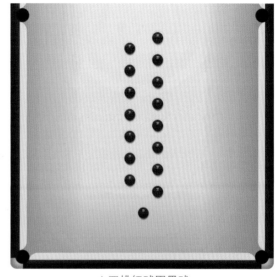

▲ 双排红球围黑球

实战中的目标球选择

在斯诺克的实际对战中，球形千变万化，但在击打过程中基本上是按照以下几点来选择目标球的。

(1) 尽快把彩球或红球进球线路上的球处理掉

如果实战的球形决定你必须围某一颗彩球，应当将妨碍这颗彩球进球的红球先打掉。例如：7分球进攻底袋的线路受阻；6分球底袋和中袋没有进球线路等。应该尽快将彩球的进球线路清理出来。

此外，如100页图所示，红球A、B位置都很理想，但实战中，应当先打掉红球A，这样，白球上方的两颗红球，其底袋的下球线路被清理出来，白球再走位时，难度降低。

(2) 先打妨碍白球走位的红球

以7分球为例，如果有红球在围7分球的常用走位线路上，应当首先将其打掉，以免妨碍校球。

(3) 选择击打可以K球的红球

如果球台上的红球位置刚好可以顺势带散红球堆，其行进的方向又可校到彩球，或打完这颗红球后可以校到适合K球、炸球的彩球，则应首先击打这颗红球，为之后的围球创造条件。这一点在后文的"K球和炸球"中将进行详细说明。

(4) 不打摆回点位后妨碍下一次击球的彩球

斯诺克除清彩球外，彩球在打进袋后都会摆回原来的点位，如果原来的点位被占（即占点），会摆到规则规定的位置。我们在选择彩球的时候要特别注意，这些彩球摆回球台的位置，不要妨碍继续击打红球和彩球本身。

▲ 首先清理红球A，使白球上方的两颗红球有底袋的下球线路

五、K球和炸球

K球练习

在6分球和7分球之间的1/2处，横向摆5颗红球，两侧的红球摆在横台的1/4处，其余3颗等距排布。白球与7分球的连线平行于底案，也放在横台的1/4处。利用不同的杆法来K这几颗单独的红球。

如右图，当白球在1/4横台处时，利用极限低杆可以达到上半台中袋口上方1～2颗球处（线路①），但必须使用小力低杆。这是因为，如果使用大力低杆，白球沿力的分离方向上会获得更大的力，横向运行的距离更长，然后才有明显的回旋效果（线路②），因此所能到达的极限范围比小力低杆要小。

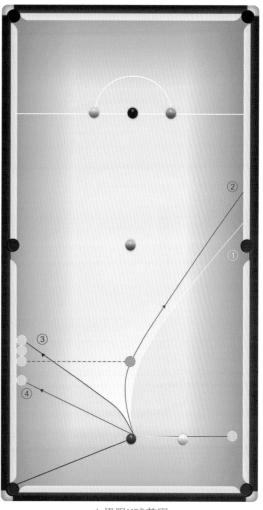

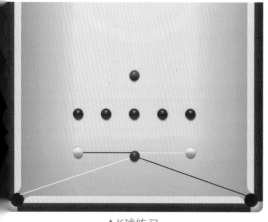

▲K球练习　　　　　　　　▲极限K球范围

极限高杆大约可以K到边库上对应6分球点位上方两颗球处（线路③）。如果所需K球的位置更靠近底案，那么可以选择将白球摆在靠近边库的位置来击打，这样，利用加长击球距离、轻微改变击球角度的方法，同时使用小力高杆，令白球到达更向下的位置（线路④）。如果使用发力的高杆，同样会使白球先横向冲出，再产生前旋的效果，达不到所需的位置。

在极限低杆和极限高杆所产生的两条线路之间的区域（白色阴影区）都是可以通过高低杆的调整到达的区域，在做K球练习或实战中可以参考这个区域选择适合的杆法。

炸球

(1) 7分球炸球

理想的利用7分球炸球的区域，以1/4横台处为例：令白球与7分球的连线平行于底案，其上下各一颗球之间的区域就是最佳的炸球区域。

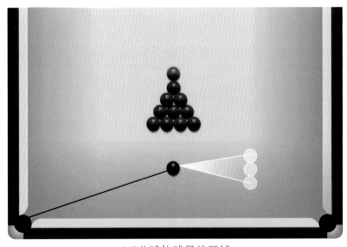

▲7分球炸球最佳区域

在红球堆下方没有缺口（排布较整齐）的情况下，应根据距离选择中杆或中高杆炸球：白球击打7分球后，撞击红球堆的一角，吃另一侧边库后停在较理想的位置，继续击打红球（线路①）。如果选择低杆炸球，白球在撞击红球堆后，多数情况下会反弹回本侧，吃边库后停在底案边，无法继续击打红球（线路②）。

当红球下方有缺口（排布不整齐，明显凹进去一块）时，则可以选择低杆炸球（线路③）：白球击打7分球后，撞击红球缺口处，并利用白球自身的低杆旋转带开红球堆，停在较理想的位置，继续击打红球。

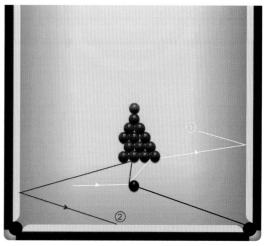

▲7分球炸球(1)

▲7分球炸球(2)

(2) 5分球炸球

线路①的理想炸球区域，以1/4横台处为例：白球以5分球为水平，白球角度向下、较大，在第3.5~8颗球范围内。白球中低杆击打5分球后，直接正撞6分球，利用6分球振散红球堆。如果角度小于这个范围，可以利用线路②进行炸球。

线路②的理想炸球区域，以1/4横台处为例：白球以5分球为水平，白球角度向下、较小，在第2.5~3.5颗球范围内。白球中高杆击打5分球后，吃两库从下方炸散红球堆。由于白球运行距离比线路①要长很多，且角度小，因此发力也要更大。

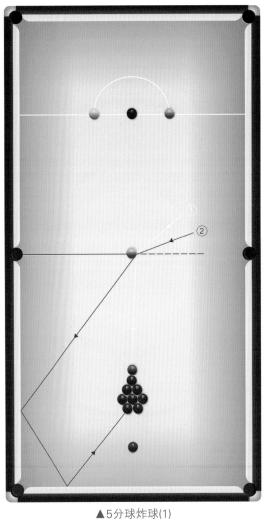

▲5分球炸球(1)

▲线路①的理想炸球区域

　　线路③，白球的角度向上、较大。白球击打5分球后，从2分球和4分球之间穿过，吃两库，炸散红球堆。这条线路需要用中高杆左旋转击打且发力较大，走位要求准确，不能碰到2分球，在此作为线路鉴赏给出，有实力的爱好者可以尝试击打。

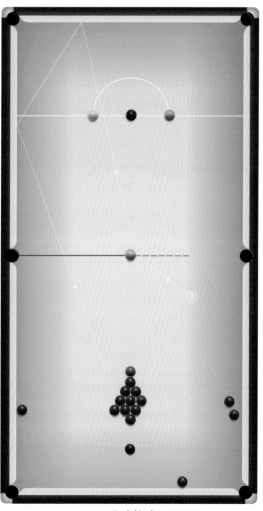

▲5分球炸球(2)

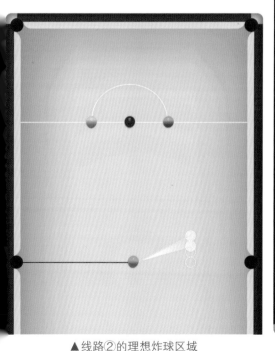

▲线路②的理想炸球区域

(3) 4分球炸球

4分球适合炸球的区域较窄，在3分球下方2~3颗球的区域内。其炸球线路见线路①，白球中杆加左旋转、吃一库，炸散红球堆。

线路②是校位失误时的炸球线路，白球中高杆加右旋转、两库，炸散红球堆。线路②难度较大，有实力的爱好者可以进行适当的练习。

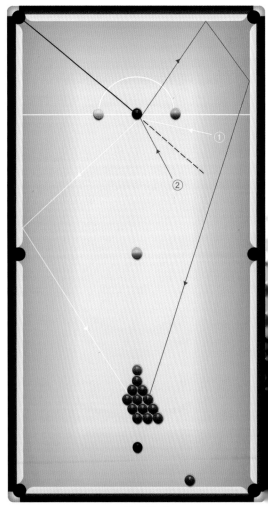

▲4分球炸球

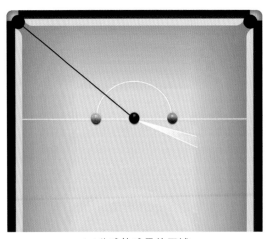

▲4分球炸球最佳区域

(4) 2分球、3分球炸球

2分球和3分球位置对称，炸球线路也是对称的，以2分球为例：最适合炸球的范围，在3分球下第4～7颗球的区域内；白球中低杆加左旋转、吃一库，炸散红球堆。

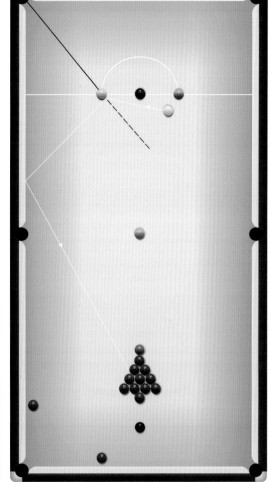
▲2分球炸球

▲2分球炸球最佳区域

　　还有一种球形：白球校2分球或3分球的角度较直，吃库后炸球力量不足，可以选择低杆直接炸球（如下图）。

　　当然，如果可以走到理想的吃库炸球位置是最好的，杆法的控制难度较小，且更容易炸散红球。

▶2009年上海大师赛中，罗尼·奥沙利文的一杆3分球低杆直接炸球线路

炸球、K球机会的选择

在了解了K球、炸球的原理及球范围后，还必须注意时机的选择。尽量不要等到无球可打的时候才去选择K球、炸球。应尽量保证有1~2颗可击打的红球作为保险，一旦K球、炸球不成功，可以利用这些红球调整位置，使进攻连续。

如右图，边库的2颗红球是必须要K开的，此时台面上7分球两侧各有一颗红球可以击打，应选择击打红球A底袋，并将白球停在这颗红球的位置，通过7分球来K开右边库上的2颗红球（注意力量的控制）。K球后或K球不成功时，中袋的红球C可以用来过渡。如果首先击打红球B，则白球需要再进行调整，才可以到达理想的左侧K球位置。

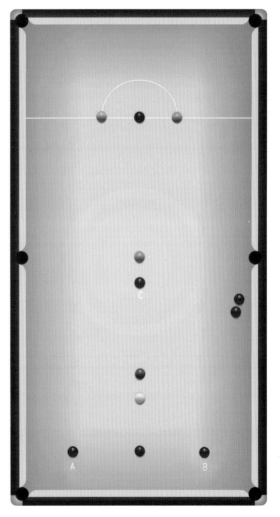

▶K球机会的选择

六、低分球过渡

过渡球的很多走位其实与清彩球类似，但需要注意的是，在进行低分球过渡时，彩球全在台面上，且一般在点位上。这就需要线路更加精确。

4分球过渡

4分球过渡是很常用的过渡方式，左右顶袋都有较合适的进球线路。

线路①

杆法：低杆或低杆左旋转。

球形说明：向下大角度。吃中袋下方的边库，将白球直接沉回底案。适合击打底案附近的红球。

线路②

杆法：中低杆或中低杆左旋转。

球形说明：白球位置与线路①相同。吃中袋近袋口的边库，利用旋转的偏移，回到高分区。适合击打6分球附近的红球。

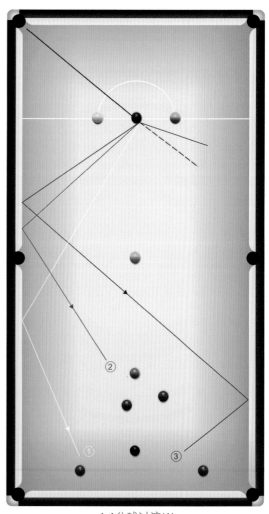

▲4分球过渡(1)

线路③

杆法：中杆或中杆左旋转。

球形说明：白球位置与线路①相同。白球吃第一库的位置高于线路②，吃库后从5分球和6分球之间穿过，击打6分球附近的红球。视球形的不同，通过加大击球力量，可以吃第二库（右边库），使白球反弹至底案，击打底案附近的红球。

这3条线路都是最基础、最简单的过渡线路。当某一条线路上有障碍球时，即可以选择其他两条线路来校位。初学者在练习清彩球的简单线路后，可以进行这3条过渡线路的练习。有实力的爱好者可以尝试以下的几条线路。

线路④

杆法：高杆。

球形说明：向上小角度，贴近4分球下球线的反向延长线。高杆两库回到高分区。注意要控制好力量，以免走过。

线路⑤

杆法：高杆。

球形说明：向上小角度，但比线路④略大。白球吃顶库后，贴着5分球，反弹至高

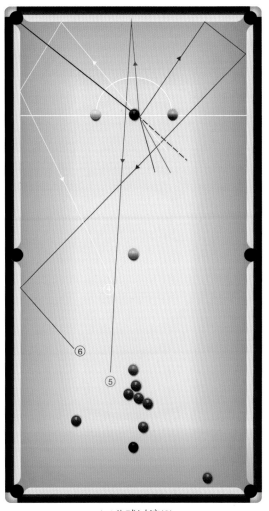

▲4分球过渡(2)

分区。注意白球吃库的线路并不是垂直于顶案的，应略偏左一点，否则弹起后会撞到5分球；但如果吃库位置过于偏左，很可能会撞到2分球，因此这条线路需要非常精确。

线路⑥

杆法：中低杆右旋转。

球形说明：向上大角度，较接近4分球与白球同侧底袋的连线。吃三库并利用旋转使白球回到高分区。注意白球在吃前两库的时候不要碰到3分球。

2分球与3分球过渡

2分球与3分球的位置是完全对称的，因此过渡线路也是完全对称的，这里仅以2分球为例介绍。

线路①

杆法：低杆或低杆左旋转。

线路②

杆法：中低杆或中低杆左旋转。

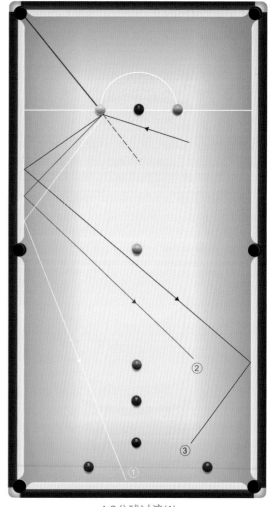

▲2分球过渡(1)

线路③

杆法：中杆或中杆左旋转。

球形说明：线路①、②、③与4分球过渡的线路①、②、③是相似的，只不过由于2分球位置的不同，白球的吃库位置也不同。需要注意的是，线路③是贴着5分球下来的，因此，吃库的位置要准确，以免撞到5分球。初学者在练习清彩球的简单线路后，可以进行这3条过渡线路的练习。

线路④

杆法：高杆。

球形说明：向上小角度。白球吃库后直接回到6分球与7分球之间的区域。

线路⑤

杆法：中低杆或中低杆右旋转。

球形说明：角度向上，略大，贴近2分球与5分球的连线。白球吃两至三库回到高分区。

有一定实力的爱好者可以在线路①、②、③的基础上增加线路④和⑤的练习。

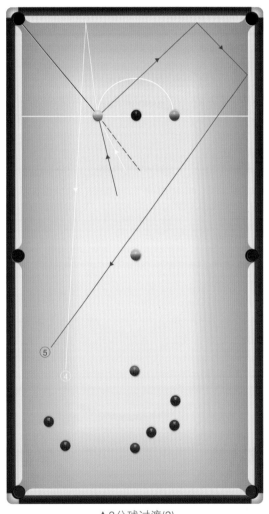

▲2分球过渡(2)

5分球过渡

我们在围球的时候，可能会遇到白球在中台，而6分球没有下球线路，5分球角度向上的情况。这就需要白球进行大范围的走动来校球台下方的红球。

线路①

杆法：中高杆左旋转。

球形说明：角度向上，略大。白球从2分球和4分球中间穿过，吃两库回到高分区。

线路②

杆法：中低杆右旋转。

球形说明：白球位置与线路①相同。白球从3分球和4分球之间穿过。走一条与线路①几乎对称的线路，回到高分区。

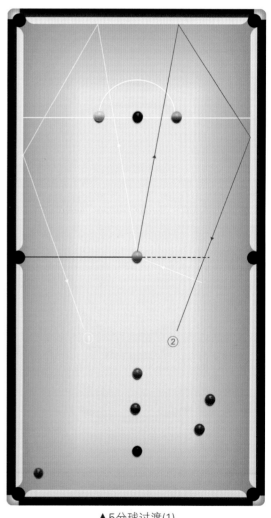

▲5分球过渡(1)

线路③

杆法：中高杆右旋转。

球形说明：白球位置与线路①相似。入射线路和反射线路都从2分球和4分球之间穿过，入射线路贴近4分球，利用顺塞，使白球垂直于顶库反弹至高分区。

线路④

杆法：中高杆右旋转或高杆右旋转。

球形说明：白球位置与线路③相同。入射线路从2分球和4分球之间穿过，贴近2分球，利用顺塞，使白球垂直于顶库，从2分球左侧反弹至高分区。

线路①和线路②是比较基础的过渡练习，初学者在清彩球练习的基础上，稍加练习基本上能够打出来。而线路③和线路④加了较强的旋转，且线路较窄，对击球的准度和击球点的精度要求较高，有实力的爱好者可以做一些尝试性的练习。另外还有两条线路，在比赛中也是较为常见的，但是难度很大，在此给出来作为线路鉴赏，业余高手们可以尝试击打。

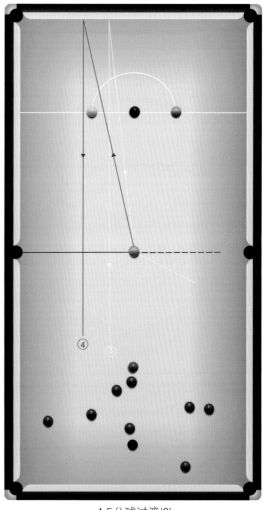

▲5分球过渡(2)

线路⑤

杆法：高杆右旋转。

球形说明：向上小角度，较接近5分球下球线的反向延长线。发力，使白球吃三库绕过2～4分球。回到高分区左侧。

线路⑥

杆法：中高杆右旋转。

球形说明：白球的位置与线路⑤相同。发力，使白球吃两库后从3分球和4分球之间穿过，运行线路靠近3分球。在吃右边库后，回到高分区右侧。

注：这里我们着重讲解的是5分球向上角度的过渡方法，而5分球向下的校球在前面"清彩球"部分中已有详细说明。基本技巧运用是相通的，在此就不赘述了。

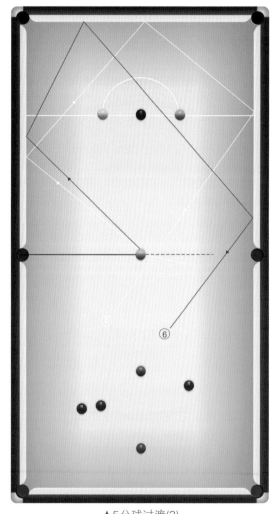

▲5分球过渡(3)

七、防守、障碍球

防守

防守又称安全球，指所有让对手没有良好进攻机会的球。一个好的安全球应当使对手没有任何下球机会。如果该安全球使对手无法直接击打到目标球，即形成了斯诺克，这是防守的较高境界。防守主要有以下几类。

(1) 薄球

薄球的目的通常是将白球放回到开球区，远离底案的红球，不给对手留下机会。在实战中多应用于开球后或中局时没有较好下球机会时的防守。

球形一

杆法：中杆。

球形说明：白球在顶案附近，能够直接看到底案附近的红球，且红球的位置不过分靠近边库（否则要求薄球精度极高，容易失误）。薄球使白球吃底库及边库，回到开球区。右图中有两条线路可供选择（线路①、线路②）。

▲ 薄球球形一

球形二

线路①

杆法：中低杆左旋转。

球形说明：白球薄红球A反角度一侧，吃三库回到顶案。

线路②

杆法：中杆右旋转。

球形说明：如果线路①上有障碍球，可以选择红球B，利用右旋转，吃边库、底库回顶案。

注：线路②中，白球较难按照常见的薄球线路先吃底库再吃边库回顶案做防守，而只能先吃边库，利用所加旋转改变正常的反射角度回到顶案。这条线路对击打目标球的薄厚及吃库的位置要求都极为精确，是高难度的防守技巧，有一定实力的爱好者在实战中可以尝试使用。

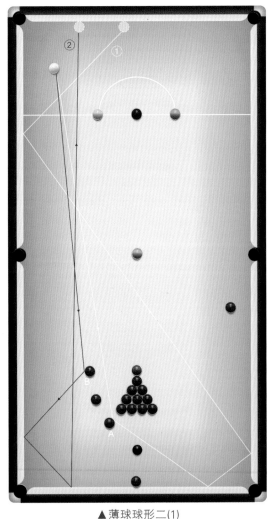

▲薄球球形二(1)

线路③

杆法：中低杆左旋转。

球形说明：白球位置与线路①类似，但白球只能薄到靠近底库的红球（反角度）。需要加强烈的左旋转，使白球从5分球和6分球之间穿过，吃库后回到顶库边。

注意防止因旋转不足而使白球撞击到其他球，停留在下半台。

如果薄红球堆左下角，白球运行的线路会非常窄，极容易撞到边库的红球。

薄球的特点：白球和红球走位可控，但如果薄厚掌握不准，有可能会因为撞到其他球而改变线路。

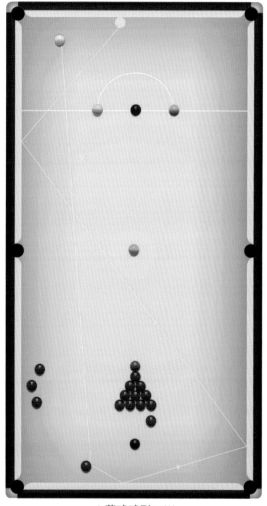

▲ 薄球球形二(2)

(2) 十字跑球

球形说明：白球的薄球线路被彩球或红球挡住，但边库附近有一颗红球。白球击打边库附近红球的薄球，红球吃库后，反弹至红球堆或球台的另一侧，而白球吃底库后，以较小的角度反弹回开球区，白球和红球的运行线路形成十字形。

十字跑球的特点：白球、红球线路均可控，但球形限制较高，红球需靠近边库。

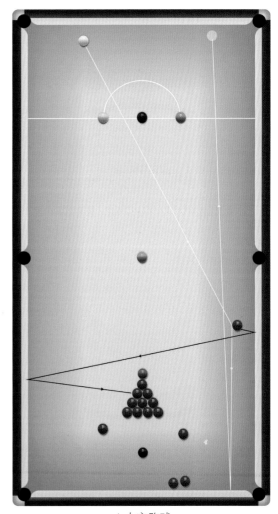

▲十字跑球

(3) 白球沉底

当没有进攻机会，且薄球回防线路太窄或顶袋有红球时，可以采用将白球沉于底袋的方法做防守。

球形说明：白球无法薄球回到开球区，没有十字跑球的线路。白球力量较小，打到红球后，吃边库并停在底库边，使对手没有进攻机会。

白球沉底的特点：白球、红球均可控，但容易使对手做一杆质量更高的防守，属于被动防守。如果有其他积极的防守方法，应尽量不采用白球沉底来防守。

【注意】白球沉底的防守方法需要当心白球和目标球在吃库后出现二次撞击。一般情况下，白球和目标球直对袋口的时候，较易发生二次撞击，此时选择白球沉底的防守要格外小心。

▲白球沉底

（4）回应白球沉底的防守方法

当对手选择利用白球沉底做防守后，我们可以利用薄球，将白球放回顶案，如右图中线路①和②。

球形说明：白球薄红球堆下方的红球，将这颗散在外面的红球推向球堆，同时将白球放回到顶案。白球也可以薄库边的红球，使红球吃库后向球台中部（球堆）运行，同时使白球回到顶案。

薄球的特点：白球与红球之间距离较近，均容易控制。这是一种主动防守，通过控制击打白球的薄厚、力量，容易形成较好的防守球形，甚至是斯诺克。

（5）白球贴球堆

当没有进攻机会，而顶案、底案都有散落红球时，可以采用将白球贴在红球堆一侧的方法做防守。贴球时应注意力量的控制，如果力量过大，会撞散红球堆，留下进攻机会；力量过小，白球有可能碰不到球堆，造成自己犯规。

贴球堆时尽量不要使白球和红球堆之间没有一点缝隙（称作贴球），这时对手根据规则可以向与红球角度大于90度的任意方向击打，将主动权交

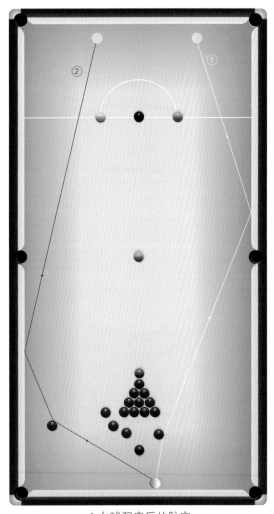

▲白球沉底后的防守

给了对手。

障碍球

斯诺克（snooker）一词的本意即障碍球，是一种高级的防守技巧。其目的是给对手制造击球的困难，迫使对手在回应防守的时候出现失误，使对手被罚分，且自己得到进攻的机会。

在斯诺克球台上，因为彩球点位是固定的，所以通常选择将白球或者目标球藏到彩球点位后面来造成障碍。最常用来做障碍的是2分球、3分球、4分球和7分球。

我们在使用四库开球的时候，如果力量和角度控制得好，白球会停在3分球或4分球的后面（2、4位开球），利用彩球遮挡住下半台所有直接击打红球的线路，如果白球的控制极佳，甚至会停在顶案贴近彩球的位置。薄球等将白球放回开球区的防守方法，也都可以做到这一点。

我们在防守的时候，都应该有意识地控制一下白球的走位，制造障碍球的机会，迫使对手在解球时出现失误，为自己创造出更多进攻的机会。

在做障碍球时，以白球被障碍球挡住，并且无限贴近障碍球为最好。这就需要注意杆法的使用。我们已经知道，高杆能使白球向前滚动，低杆则使白球向后拉回，可以利用这一特性，使白球躲在某一颗彩球的后面。

以4分球附近的位置为例。

球形一

白球和红球都在4分球上方，白球角度朝向4分球，可以用小力高杆将红球打走，白球跟上，贴在4分球后面，形成障碍球。

球形二

白球在4分球上方，红球与4分球平行或者在4分球下方，白球角度朝向4分球，可以用小力低杆，将红球打走，白球缩到4分球后面，形成障碍球。

球形三

我们也经常见到一种将白球停在7分球下方的做球方法：白球在6分球和7分球之间，红球的位置在白球斜上方且靠近边库，白球击打红球靠近底案的一侧，使白球吃库后运行至7分球下方，红球则向上半台运行，利用7分球以及6分球和5分球挡住红球。

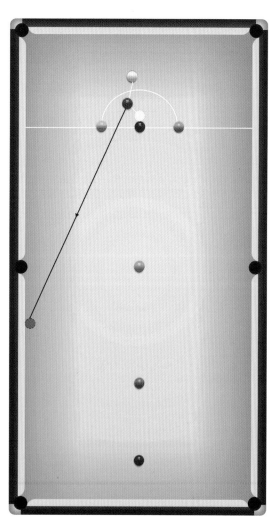

▲ 球形一：利用高杆做障碍球

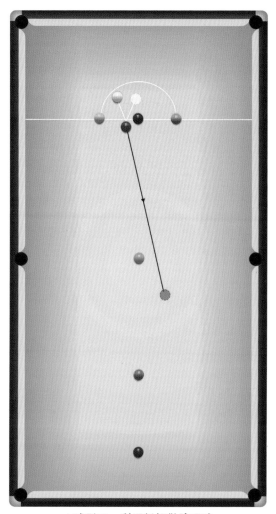

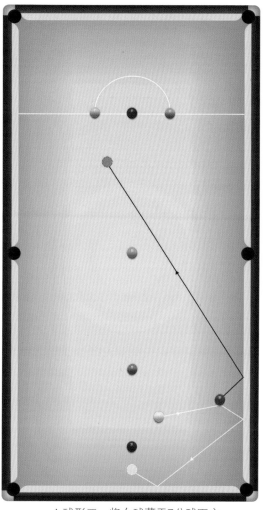

▲球形二：利用低杆做障碍球　　　　　　▲球形三：将白球藏于7分球下方

实战中做障碍球的方法是很多的，很难一一列举，但只要我们在练习防守技巧的同时，有意识地控制杆法、力量，就可以做出较为理想的障碍球。

八、解球

当对手做了障碍球，你必须解到球并且尽量不给对手留下进攻机会，这就需要更精妙的计算。

解球分两种情况：一是解球堆；二是解单颗球。

在开局的时候，由于对手的防守质量较高，形成了障碍球，我们既可以解散在外面的单颗红球，也可以解球堆，这需要对球形做出判断。如果红球较集中，解球后不会使对手看到散在球堆外的其他红球，就可以选择解球堆。解球堆的特点是：可解到球的面积大，较容易解到球，但对力量的要求较高，以防炸散红球。

事实上，开球后，经过几个回合的防守，红球堆基本上就已经散得较开了，如果解球堆不慎，就会留下进攻机会，因此在职业的比赛中，很多顶尖高手即便冒风险，也会选择解单颗红球。而解单颗红球也并没有想象中那么困难，有一些固定套路。

一般来说，如果目标球在球台中间，一库解球较容易；如靠近球台边，则选择两库或三库解球较容易。

有的爱好者可能会认为多库解球很难，其实不然。一库解球，能解到的区域很窄，只要线路计算有一点偏差，就可能碰不到目标球。而两库解

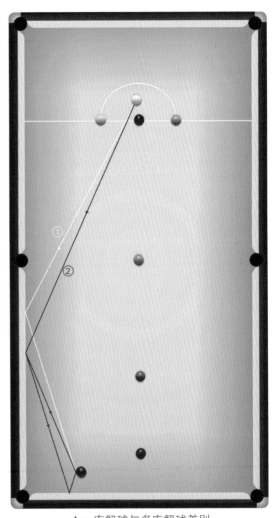

▲一库解球与多库解球差别

球的区域相对较宽，如果线路计算无误，自然两库就可以解到球；如果线路上出现了偏差，很可能吃一库后就直接解到球了（如126页图所示）。同理，多库解球也可以按照这个原则来击打。

下面我就以最常见的几个球形来讲解一下解球的常用套路。

球形一

白球在2分球（或3分球）上方，距离较近但不贴球，左右两侧均有向斜下方的解球线路，红球堆未散开。白球可以通过左右两条线路两库解球堆。

线路①：白球中杆左旋转，两库贴球堆。

线路②：白球中杆左旋转，两库贴球堆。

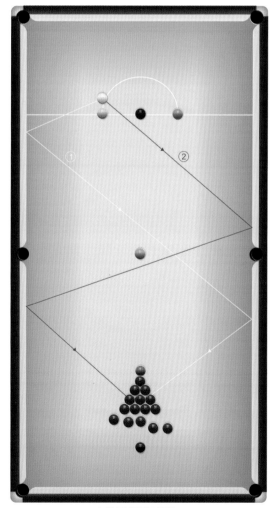

▲常见解球球形一

球形二

白球在4分球上方，距离较近，没有左右两侧一库或两库解球的线路，红球堆未散开。

线路①：两库解球。白球吃第一库的位置在3分球对应顶库的位置附近，两库贴球堆。

线路②：三库解球。白球吃第一库的位置在3分球距右边库约1/2处（相当于横台的1/6处）对应顶库的位置。中杆加右旋转避让3分球，三库贴球堆。

球形三

白球在2分球、4分球的上方，距离较近，没有左右两侧一库或两库解球的线路，解底案处的单颗红球。

线路①：白球在4分球上方。三库或四库解球。白球吃第一库的位置在3分球距右边库约1/2处（相当于横台的1/6处）对应顶库的位置，略偏向袋口。中杆右旋转，三库或四库解到红球。

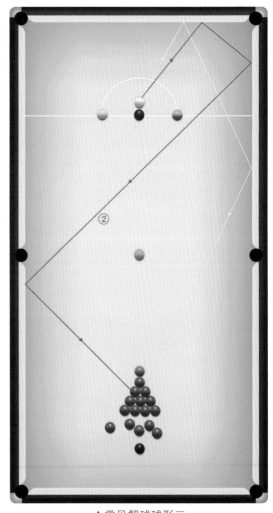

▲常见解球球形二

线路②：白球在2分球上方。三库或四库解球。白球吃第一库的位置在3分球对应顶库的位置附近，中杆右旋转，三库或四库解到红球。注意避开5分球。如白球在3分球上方，则线路与②相反。

【建议】在练习的时候，红球的位置，可以固定摆在7分球的下方，以便强化练习。在实战应用中，视红球的实际位置通过调整白球吃第一库的位置以及旋转的强弱来调整线路。

球形四

如130页左图，白球在2分球（或3分球）上方，完全贴住，没有左右两侧一库或两库解球的线路，红球堆未散开。四库解球堆。白球吃第一库的位置约在开球线距顶袋1/3处。加较强的左侧旋转，四库贴球堆。

球形一至球形三是比较常用的解球线路，一般的爱好者在练习后是可以掌握的。球形四的难度较大，对旋转的要求比较高，有实力的爱好者可以适当做一些练习。

有时，目标球与障碍球距离较近（见130页右图），直接一库解球可能会首先碰到障碍球（线路②），不但会被罚分，而且白球在撞到障碍球后很可能会将障碍扫清，给对手留下很好的进攻机会。这时候可以采用多库解球，用白球解到红球的薄边，返回安全区域（线路①）。

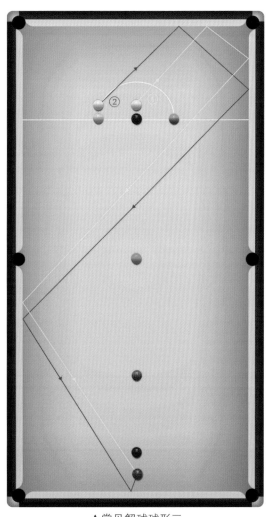

▲常见解球球形三

这种方法的特点是控制白球的走位，即便没有解到红球，也不会给对手留下太好的机会。

【注意】如果你的对手水平较高，那么在解球的时候，即便有可能因失误而罚分，也应该尽量按照这种最安全的方法来解球，以免给对手留下机会，获得更多的分数。

▲常见解球球形四

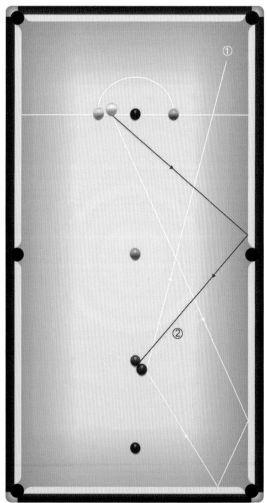

▲目标球与障碍球距离较近时常用的解球方法

九、组合球

自然角

两颗红球相贴，且两球与袋口的连线为同一条直线的组合球就是自然角。通常我们都认为，自然角是最简单的组合球，无论打到后一颗球的哪个位置，它都能把撞击力直接传给前一颗球，前一颗球即会被撞进袋口。但事实上并非如此，如果白球撞后一颗球的角度较小（接近红球与袋口的连线），那么红球还是比较容易被传进的；如果白球角度较大，一方面撞击力会通过后一颗红球传给前一颗红球，但同时后一颗给前一颗球一个侧向连带的力，这两个力合成的效果，使前一颗红球运行的线路偏离袋口，最终无法进球。

我们知道自然角的这个规律后，一方面在击打的时候，注意避免从侧向撞击自然角，另一方面，利用这种贴球时两球连带的效果，可以打进一些并不正对袋口的自然角。

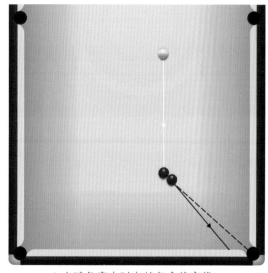

▲击球角度大时自然角会偏离袋口
注：虚线为两球心连线，正对袋口，
实线为击打后的实际线路

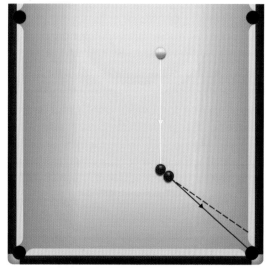

▲利用自然角的击球规律打入非自然角的球
注：虚线为两球心连线，并非正对袋口，
实线为击打后的实际线路

传球

两颗红球之间有一段距离，白球撞击后一颗红球，利用这颗红球撞击前一颗红球，使前一颗红球落袋。

【注意】在传球时，尽量选择前一颗红球靠近袋口或者前后两颗红球距离较近且正对袋口的球形，以免运行距离过长，误差放大，导致失误。

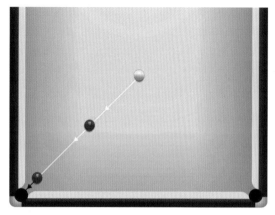

▲传球

借下

借下是中式台球与斯诺克常用的组合球技巧。当目标球的进球线路很窄，或是直接进球难度很大，但袋口附近有另一颗球，如果使目标球撞击袋口球，反弹入袋则更容易。

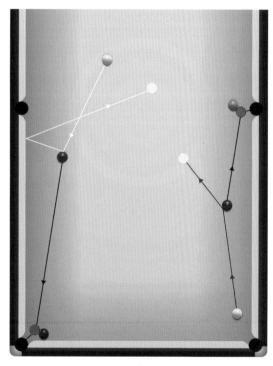

▲借下

开仑

　　斯诺克台球中，开仑是指白球在撞击活球（任何根据规则能够首先被白球撞击的球）后改变线路，去撞击第二颗球（或陆续撞击多颗球），最终实现进球和防守目的的击球技巧。开仑在实战当中并不很常用，因为在实战中，需要遇到较好的使用开仑的机会，如果白球运行距离不长，相互碰撞的若干颗球之间距离不太大，是可以考虑使用开仑的。如果距离过长，对白球走位的控制就要求很高了。

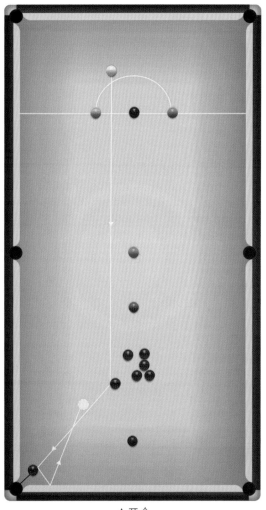

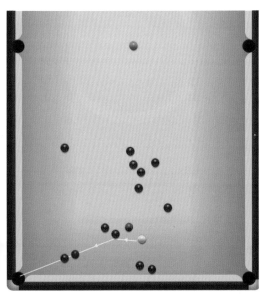

▲2008年世锦赛上，阿里斯特·卡特的一杆开仑，让人们大开眼界

▲开仑

6

球杆的选择与保养

一、球杆的材质及性能

好的球杆前枝所用材料产自美国东北部（美国与加拿大交界处），因地处寒带，树木生长缓慢，使得树木非常结实，密度大，韧性好，是生产台球杆最理想的材料。杆身上有纹路的是白蜡木，杆身上无纹路的是枫木。球杆后把主体所使用的材料为檀木。

好的球杆材料都是树龄较长的。高档球杆的选材非常苛刻。一棵十几米高的大树，只有位于大树中段，树皮与树心之间的木材最为理想。因为这部分木材非常稀少，所以十分珍贵。

白蜡木相对较硬，而枫木的柔韧性更好。打斯诺克所用的球杆多为白蜡木，因为斯诺克球台较大，硬度高的球杆在击打远距离球的时候稳定性更高。打九球所用的球杆多为枫木，这是因为九球球台相对小，球大而球速快，击球特点不同于斯诺克，九球更强调白球的旋转，更适合使用韧性较强的枫木。

高档专业球杆后把选用檀木，因为檀木硬度非常高，密度大，同样体积的重量大大高于枫木和白蜡木，所以这样搭配后球杆重量适中，可使前枝的弹性更好地发挥出来。

二、球杆的配备

对于斯诺克而言，一个人一般只要有一支称手的球杆就够了。而九球一般要有三支球杆，一支为打杆，也是最重要的一支，一支为开球杆（开球专用，比打杆要硬一些、粗一些），还有一支特殊的球杆就是跳球杆。

三、挑选球杆的要点

挑选球杆时有以下几个要点。

① 白蜡木球杆纹理要清晰、不乱。

② 轻重要适中，斯诺克球杆为17～19盎司（1盎司＝28.3488克）；九球球杆要略重一些，一般为18～21盎司。

③ 根据自己的身高、臂长、发力特点，选择适合的球杆。

④ 斯诺克球杆后把的直径一般为28～32毫米，亚洲人因没有欧洲人高大，更适合直径为28～30毫米的球杆。

⑤ 斯诺克球杆的先角（俗称杆头）直径一般为9.3～10毫米（如只用于打斯诺克则建议选择先角细一些的球杆，直径为9.3～9.6毫米）。九球杆的先角一般为12毫米左右。

⑥ 球杆的长度为141～147厘米，可根据身高、臂长而定。

⑦ 斯诺克球杆一般分为独枝杆和3/4杆。3/4杆因携带方便越来越受到大众的欢迎。同时，由于3/4杆制作工艺的不断提高，其传力效果已逐渐赶上独枝杆，差别可忽略不计。九球杆多数采用1/2杆的形式，前支的前半部基本上没有锥度（即粗细较一致）。

⑧ 后把的花纹及插花对球杆的性能没有影响，只是为了美观，可根据自己的喜好来选择。

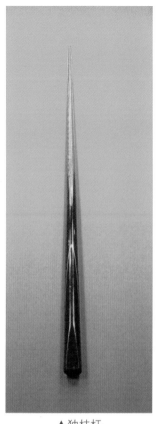
▲独枝杆

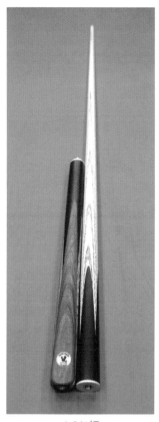
▲3/4杆

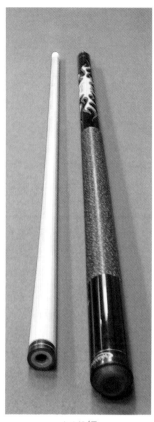
▲1/2杆

四、球杆的保养

一支好的球杆并不需要过多的维护，只是在日常的使用中注意以下几点。

① 不要将球杆放在暖气边上。

② 不要将球杆斜靠在墙边。

③ 不要将球杆放在汽车内，因为夏天的炎热及冬天的寒冷都会损坏球杆。

④ 可定期给球杆上一些专用护杆油。

⑤ 不要经常用湿毛巾来擦拭球杆。

五、手工杆与机械杆的辨别方法

一般，球杆是否为手工杆，在标签上都有标明（通常会标明：hand made），此外还有一些手工杆特有的标志，即后把檀木的四面插花顶部为圆形，底部为尖形；机械杆顶部为尖形，底部为方形。

▲注意观察后把上是否有"hand made"标志

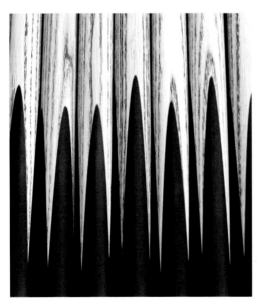

▲手工杆插花：顶部圆形，底部尖形

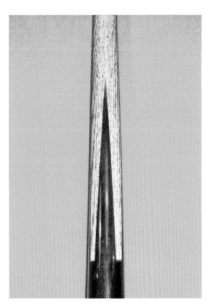

▲机械杆插花：顶部尖形，底部方形

附录1 台球的规则

中式台球标准规则

定义：自由击球权

(1) 一方犯规时，对方可将主球置于台面任意位置开始击球。

(2) 线的自由球是指开球一方犯规时，获自由球的一方只能将主球在开球线后任意放置，并只可击打开球线与底边之间的任意目标球。

一、比赛方式

中式台球比赛使用同一颗主球（白色）及1~15号共15颗目标球，1~7号球为全色球，8号为黑色球，9~15号为双色球（又称花色球、半色球）。

比赛双方按规则确定一种球（全色或是花色）为自己的合法目标球，在将本方目标球全部按规则击入袋中后，再将8号球击入袋的一方获胜该局。若一方在比赛中途将8号球误击入袋或将8号球击离台面，则对方获胜该局。

二、器材（略）

三、摆放球

开球前目标球排列为三角形，共5排，每排球数分别为1~5颗。第一排的1颗球置于"置球点"，8号球位于第三排的中间位置，其他目标球全色和花色间隔开随意摆放，但必须彼此紧贴。比赛双方均有权检查球摆放是否符合规则，并要求修正。

四、开球

(1) 首局开球权的确定由双方在开球线后同时分别向底边击打同一规格的两颗主球，碰底边弹回后静止。球离顶边较近的一方获得开球权。

若击出的球未触底边或入袋则为犯规，由对方获开球权；若双方球离顶边距离相同可无法判定或双方犯规，则重新进行直到一方获开球权。

(2) 竞赛组委会可在赛前确定多局比赛时为双方轮流开球或由胜方开球。

(3) 开球后，必须使任何一颗目标球入袋或至少4颗目标球碰触台边。若开球后主球跳离台面或主球入袋或碰触台边的目标球数少于4颗，则为犯规。

违反本项规则的处罚：对方可要求摆球，由自己或犯规方重新开球；或对方获得线后自由击球权。

(4) 若开球后8号球直接入袋，则由开球方重新开球。

(5) 开球后若无进球亦无犯规，则换对方继续击球。

五、确定花色

(1) 一方在开放球局（可击打除8号以外任何一种类的球）中合法进球后，其所进球的种类（全色或花色）为该局该方合法目标球，另一类球为对方该局合法目标球，球局关闭（只可击打本方合法目标球）。

(2) 开球有球入袋，不论数量、花色、先后，开球方继续击球并有权继续选择种类。此后，其所选择的一类球有合法入袋，则球局关闭；若其选择的一类球没有入袋，则球局仍开放，换对方击球可继续选择种类；若其选择的一类球虽有入袋，但同时伴有主球入袋或主球、目标球出台等犯规，则球局仍开放，对方获自由击球权。

(3) 球局开放时，击球方可用一种花色的球间接将不同花色的球传击入袋。

六、击球

(1) 选手每次击球无需指定入袋球或袋口，其击球全部过程没有犯规，则本方目标球入袋均有效，获继续击球权；若本方目标球入袋同时有对方目标球入袋，对方目标球亦不再拿出；若仅有对方目标球入袋，亦不犯规，换由对方击球。

(2) 任何一方击球后，主球最先碰触的必须是本方目标球（本方目标球已全部入袋后，8号球为本方目标球）。违反本项规则的处罚：对方获自由击球权。

(3) 一方击打主球碰触目标球后，若没有目标球入袋，必须至少有一颗球碰触台边（含主球）。违反本项规则的处罚：对方获自由击球权。

(4) 击球后，未入袋的目标球和主球必须停留在台面上。违反本项规则的处罚：若8号球停留在台面以外，则击球方该局负；若其他球停留在台面以外，则对方获自由击球权，跳离台面的目标球合理消失。

(5) 击球过程中（包括出杆前后），击球者除杆头以外的任何身体部分（包括服饰）、器材（包括杆身、架杆、擦粉）均不得碰触台面上的任何球。违反本规则的处罚：对方获得自由击球权。

(6) 在一次击打过程中，杆头不能碰触主球两次以上（含两次）。违反本项规则的处罚：对方获自由击球权。

七、贴球

(1) 主球与台面上本方目标球相贴时，击球方击打主球后，可以使该目标球移动，且出杆角度没有限制，但击打动作必须明显，若反向击打，该目标球没有移动，并不算已碰触目

标球。违反本项规则的处罚：对方获自由击球权。

(2) 主球与台面上非本方目标球相贴时，击球方击打主球后，该目标球不能因此击而直接移动。违反本规则的处罚：对方获得自由击球权。

(3) 目标球与台边相贴时，主球击打该目标球后，该目标球必须离开台边后再次碰触台边或有其他球、碰触台边或有目标球入袋。违反本项规则的处罚：对方获自由击球权。

八、跳球

(1) 击球方可根据技术需要将主球击离台面，跃过其他目标球直接击中本方目标球。但规则六的条款依然适用。

(2) 跳球时，击球者只能用杆头击打主球球面1/2以上的区域，且所用球杆不能短于90厘米。违反本项规则的处罚：对方获自由击球权。

九、输局

出现以下情况之一的则球员输掉该局：

(1) 击进8号球同时犯规（开球时除外）；

(2) 球员将本组最后一颗目标球击打入袋的同时击进8号球；

(3) 将8号球击离台面；

(4) 球员还未将本方目标球全部击进球袋前就将8号球击进袋；

(5) 球员未尽力击打合法目标球时，裁判将判犯规并警告，再次出现这种情况则该局判负。

斯诺克台球竞赛规则

定义：手中球

落袋或跳出台面的主球，对方将主球置于D形区击打。

定义：活球

任何根据规则能够首先被主球撞击的球。

一、器材（略）

二、比赛

(1) 比赛时，选手们使用相同的主球击打目标球。共有21只目标球，其中：15只红球各1分；黄色球2分；绿色球3分；棕色球（咖啡球）4分；蓝色球5分；粉色球6分；黑色球7分。

(2) 运动员标准击球顺序：将红色球与彩色球分别交替落袋，直至所有红色球全部离台，然后按彩球分值由低至高的顺序也至全部离台为止。

(3) 一杆球之内每个入袋的活球的分值均记入击球运动员的得分记录。

(4) 球员犯规被罚的分数应加在对手的分数记录上。

(5) 一局的获胜者，应是运动员或一方：

① 获得最高分数。

② 该局对方认负，或对方由于"无意识救球"与"不正当行为"被判罚。

(6) 一场的获胜者，为运动员或一方赢得该场最多局数或获得最多总分相应的累计分数。

(7) 球的置放

① 比赛开始前主球为手中球。其他目标球的摆放位置：略。

② 比赛开始后，在击球方提出合理要求下，只有裁判员才可以擦拭球，并且：

a. 如球不在置球点上，则当球被拿起之前，球所在位置应用定位器做标志；

b. 用以标志被擦拭球位置的定位器，将被当作该球对待，并获得该球的分值，直至该球被擦拭完并被放回原位为止。如果击球运动员以外的任何运动员触摸或扰动定位器，则他将被当作击球运动员一样处罚，而比赛次序不受

影响。如有必要，裁判员还可将定位器或已被擦拭过的球再放回他认可的原位上，即使球已被拾起。

(8) 比赛方式。比赛开始前，参赛各方应采用抽签或彼此同意的方式来确定比赛次序。

① 一旦比赛次序决定下来，每局之中的击球顺序就不得改变。除非一方犯规后，对方要求他继续击球。

② 一场比赛中的各局应由参赛各方轮流开球。

③ 首杆运动员应从手中球开球，当其球杆的皮头碰到主球后，或是：

a. 完成了一击球；

b. 让主球移动一个位置。

④ 为了打好一击球，不得有违犯处罚的情况发生。

⑤ 每轮次的第一击以红球（或指定自由球）为活球，直至所有红球全部离台为止。一击球之内每个入袋活球的分值均记入得分记录。在同一次击球进袋的每一红球与任何被指定当作红球的自由球，它们的分值应记入得分记录。

⑥ 如一红球或一被指定当作红球的自由球被击进袋，该运动员可继续进行下一击球，且下一个活球应是该运动员所选的一个彩球。如该彩球被击进袋，可得分。然后再将彩球放回置球点。

⑦ 红球全部离台前，轮流交替地将红球与彩球击进袋，才能一杆继续下去。直到台面上最后一只红球被击落后，随之一个彩球也被击进袋，一杆球仍可继续进行。

⑧ 红球全部离台后，台面上的彩球按分值从小到大，依次成为活球，当下一彩球进袋后（除特殊情况外），即留在桌外，不再取出。然后，击球运动员再击打下一个彩球。

⑨ 红球落袋或出界后不再摆回到台面上，即使运动员因犯规而由此受益，也不予考虑，但是有些特殊情况例外。

⑩ 如果击球方一击球没有得分或犯规，则其这一轮次击球结束。对方从主球停止的地方开始击球。如果主球出界，主球成为手中球。

⑪ 局、场的结束

a. 当台面上只剩下黑球时，黑球入袋或犯规都将使本局结束，除非此时双方比分相同。

b. 当上述情况发生时，则：

i. 黑球置于置球点上；

ii. 运动员掷币猜先决定击球顺序；

iii. 获得开球权的选手从手中球开球；

iv. 击球入袋或犯规导致本局结束。

c. 当一局比赛最后各方得分相同时，应按上述步骤，将黑球重新置位。

⑫ 自手中球开球。自手中球开球，必须放在开球区（D形区）线上或线内的任意位置上，可朝任意方向击打主球：

a. 如被询问，裁判员应当说明主球是否摆放正确；

b. 当选手摆放主球时需用皮头触碰主球以帮助定位，在裁判员确认击球运动员并非试图去做一次击球的情况下，选手的该行为是被允许的。

⑬ 双击。在主球的第一次碰撞时，不得同时击中两个球，除非它们是两个红球，或是一只活球与一只自由球。

⑭ 放置彩球。已入袋或出界的任何彩球，在下一击球进行前，应被放在置球点上。

a. 由于裁判员没能正确放置彩球，运动员不负任何责任。

b. 当红球全部清台，按递增顺序将一个彩球击进袋后，如被错误置位，一旦错误被发现，该彩球应立即从球台上重新移回至正确位置，不需要进行处罚，比赛应继续进行。

c. 对于一个或一些已被错误置位的球，一旦对之进行了一击球，在以后的击球过程中，它们被当作正确置位的球来对待，任何非正常离开球台的彩球，将被重新置位。如发现彩球错位系由于原先放置疏忽所致，则不予罚分。

d. 当需要放置彩球而其置球点被占据时，这只彩球应放在能放置球的最高分值的置球点上。

e. 如需放置一个以上的彩球而它们的置球点都被占时，应优先放置分值高的彩球。

f. 如所有的置球点均被占，可将彩球放置在台面纵向中心线上距该球的置球点最近的位置上，靠近底案方向。

g. 所有上述情况，当彩球被置位时，不允许该彩球与其他球相贴。

h. 欲将一彩球正确置位，需按本规则所确定的置球点，用手来放置。

⑮ 贴球。

a. 如果主球与一个或多个活球或可能成为活球的球相贴，裁判员应宣布贴球，同时指出主球与哪个或哪些球相贴。

b. 当贴球被认定后，击球运动员必须击打主球使之离开被贴之球，但不得令被贴球移动或造成贴球。

c. 在下列情况下，只要击球运动员不让目标球移动，就不予以处罚。即：

i. 相贴的球为活球；

ii. 该球可能成为活球，且裁判员宣布其为活球；

iii. 该球可能成为活球，且裁判员宣布其为活球，与此同时击打另外一个可能成为活球的球。

d. 如果主球停止下来，贴上或几乎贴上一个非活球时，当被询问是否贴球时，裁判员应当回答"是"或"否"，此时，击球运动员必须如前面所述，在不扰动该球的情况下击打主球，使之离开。但必须首先撞击一个活球。

e. 主球同时与一只活球与一只非活球相贴，裁判员只需指出那个被贴上的球即可，如果击球运动员一定要询问裁判员主球是否也贴上了非活球时，他有权被告知。

f. 如经裁判员确认，在击球瞬间被贴球的任何移动并非由击球运动员所造成，则裁判员可不裁定其犯规。

g. 当裁判员观察时，一个静止的目标球未与主球相贴，但后来在一击球开始打之前，却又被看出与主球相接触，这时该目标球应被裁判员重新放到他认可的位置上。

⑯ 袋口球

a. 球在袋口边上未受其他球的撞击、触动而落袋，且与行进中的任何击球行为无关，则该目标球应放回原位，同时已经获得的分数应予计算。

b. 如果袋口球受一击球中任何球的撞击而落袋：

i. 在不犯规的情况下，由该同一击球运动员随意进行另外一击球；

ii. 如果犯规发生，该击球运动员应受到规定的处罚，所有球应放回原位，下一个运动员可按通常犯规后的选择进行。

c. 如一球在袋口边上保持短暂平衡后落入袋内，它应被算作正常入袋，不必放回原位。

⑰ 犯规后主球成为障碍球。犯规后，若主球被造成障碍，裁判员应宣布对手获得自由球。

a. 如下轮次的运动员选择的是下一击球，则：

i. 他可以指定任意球作为活球；

ii. 任何被指定的球，应被当作活球来对待，并获得该活球的分值。只有当它被击落袋后，才被放回置球点。

b. 主球在以下情况即为犯规：

i. 没有首先击到被指定的球；

ii. 用被指定的自由球给所有红球或活球造成障碍，但当台面上只剩粉球、黑球时除外。

c. 如果自由球被击落，需将其取出放回置球点，其所获活球的分值应记入记录。

d. 如在主球首先击中被指定的球后，或首先同时击中被指定的球与活球后，活球被撞入袋内，则只记录该活球的分值，活球不予取出。

e. 如果对方要求犯规方继续击球，则宣布的自由球变为无效。

⑱ 犯规。

a. 如选手尚未打一击球时就犯规了，则其轮次立即结束。

b. 任何放置错了的彩球，应保持原地不动。只有再被击落或出界后再将其正确放置。

c. 允许犯规者获得犯规前的所有得分。

d. 对手将在主球停下来的地方开始下一击球。如主球出界，对手将获得手中球。

e. 如同时发生多种犯规行为，应按其中罚分最高的分值处理。

f. 如选手犯规，他将：

i. 根据规定受到处罚；

ii. 如对手提出要求，必须继续击球。

⑲ 处罚。选手犯规，应受到4分的处罚，除非在下述a.至d.款中指出的有更高的分值时，处罚为：

a. 处罚为活球分值的情况：

i. 击球时杆头触动主球一次以上；

ii. 双脚离地；

iii. 未按击球顺序击球；

iv. 开球时主球未放在D形区内；

v. 空杆；

vi. 主球落袋；

vii. 利用自由球做成障碍球；

viii. 跳球。

b. 下列犯规行为，应判罚有关活球的最高分值：

i. 未等所有球停稳就击球；

ii. 未等裁判员放置好彩球就击球；

iii. 使非活球入袋；

iv. 主球首先击打到非活球；

v. 连击；

vi. 触碰了任意一颗球，但球杆杆头触碰主球以便完成一击球的情况除外；

vii. 击球出界；

viii. 双击，按两球的最高分值处罚（两只红球或一只自由球与一个活球除外）；

c. 下列行为应判罚7分：

i. 使用任何物体进行测量间距或距离；

ii. 连续击打红球，或击打红球后又连续击打自由球；

iii. 用白色球以外的任何球作主球；

iv. 未能根据裁判员的要求指出目标球；

v. 击红球入袋后，尚未指定彩球就犯规了。

⑳ 继续击球。一旦运动员要求对手继续击球，这一决定将不能更改。被要求继续击球的选手将：

a. 可以改变他要进行的一击球与所要击打的活球；

b. 获得所击落袋的分值。

㉑ 空杆犯规（无意识救球）。击球运动员应尽最大努力去击打活球，如果裁判员认为球员未能尽力，他将宣布该选手空杆犯规。除非台面上出现了根本不可能击到球的情况时。

在后者情况下，必须假定，经裁判员判定，击球运动员确系试图撞击活球，只要他用足够力量直接或间接朝活球方向击打主球，若不是由于这些阻挡的缘故，主球便可到达活球处。

a. 当宣布空杆犯规后，下一位选手就可以要求犯规方在主球停留处再击打一次，或者从原来位置上，由犯规方自行处理。在后者情况下，活球应是在这之前最后一击球所要撞击的同一个活球。即：

i. 任何一个红球，于该处红球便是活球；

ii. 红球全部离台后，彩球便是活球；

iii. 红球落袋后，彩球便是活球的情况下，击球运动员选择的一个彩球。

b. 当主球至任一活球或可能是活球上的任何部位之间有一直线通路，若击球运动员却没能击到，裁判员应宣布空杆犯规。

c. 当出现b所述情况后，空杆被宣布后，从主球到一活球有一直线通路，以致两球可以沿中心整个球体相撞（如果活球是红球时，且未被彩球阻挡，所指的应是任何红球的整个直径），那么：

i. 从同一位置上击打一击球，如果首先击打活球再次失败，则应宣布空杆犯规，不管相差多少分数（本条规定也适用于超分情况下）；

ii. 若被要求从原始位置上再重击一次时，裁判员应警告犯规方，如第三次再失败，结果将导致一盘被判处输给对方。

d. 依照本规则将主球放回原位后，由主球至任一活球的任何部位之间，有一直线通路，此时若击球运动员造成任意球犯规，包括准备击球的主球在内，若该一击球尚未进行，则可以不宣布为空杆，在此情况下可以采取别的适当处罚：

i. 下一个运动员既可选择自己击球，也可以要求犯规方在停球位置重击一次；

ii. 下一个运动员可要求裁判员将所有球放回犯规前所在位置，让犯规方由该处再击一次；

iii. 在连续宣布为空杆后，若仍发生上述情况，则任何关于可能将本盘比赛被判输给对方的警告，仍将有效。

e. 所有其他空杆应依照裁判员的判断宣布。

f. 发生一次空杆并且被下一个运动员要求将主球放回原位以后，任何被扰动的目标球应保留其现状，除非裁判员认为犯规运动员将要因此而受益。在后者情况下，任何一个或所有被扰动的球，可在裁判员的认可下放回原位。但无论哪种情况，非正常离开球台的彩球，应被放于置球点上或放回原来适当的位置上。

g. 在一次空杆后，当任何球被放回原位时，犯规方或下一个运动员都可被征询对该球位置的意见，此后裁判员的决定才算最终结束。

h. 当在征询意见时，无论哪个运动员若触碰了台面上的任何球，则他应被当作击球运动员受处罚。原有比赛次序不变。如有必要，被触动的球应由裁判员放回到他认可的位置上，即使该球已被裁判员拾起的情况下，也不允许触碰。

i. 非犯规方有权询问，若裁判员打算将主球以外的其他球放回原位，是否要求主球从原始位置上击球，裁判员应予以说明其意图。

㉒ 僵局。如裁判员认为比赛出现了或即将出现僵局，将立即建议重新开局。如果选手拒绝，裁判员应允许比赛继续进行。但应附带条件，即宣布在一定时间内局面必须改变，通常应在裁判员的判定下，限定每边各打三杆，如在宣布的时间期满后，局面基本未变时，裁判员应取消所有得分，重新摆放所有的球，如同一局比赛开始那样。

a. 仍由原来开球的选手开球。

b. 仍保持原来的击球顺序。

㉓ 使用辅助器械。击球运动员应对在球台上放置的移动他所使用的任何辅助器械负责。如因击球运动员自己的行为造成犯规，将受到处罚。非人为犯规，击球运动员对之不负责任。

aiming	瞄准	final	决赛
Americapocketbilliard，pool	美式台球	fluke	幸运球
angled	死角球；角度球	follow-ball	跟进球
backspin	下旋球（低杆）	forcedoffthetable	出界
ball	球	foul	犯规
ballinplay	局中球	frame	盘
ballon	活球	free-ball	自由球
billiards	台球（总称）	frozen	贴边球
blackspot	黑球置点	game	局
bluespot	蓝球置点	greenspot	绿球置点
bottompocket	底袋	in-hand	手中球
break	一杆（球）	joint	球杆连接部
breakoff，serve	开球	jump-ball,jump-shot	跳球
brownspot	棕球（咖啡球）置点	kitchen	开球区（美式）
carom	无袋式台球（开仑）	lawed-ball	袋口相挤的球
chalk	巧克粉	lossofchance	失机
cointoss，tossoff	掷币猜先	lot	抽签猜先
cue	球杆	marks	台面标志
cue-ball	主球	match	场
cushion	台边	middlepocket	中袋
double-hit	连击	miscue	滑杆
dropofthecue-ball	自落	miss	失误；空杆
eightball	争黑八打法	nominated-ball	指定球
english,sidespin	香蕉球（弧线球）	object-ball	目标球
englishbilliard	英式三球比利	occupied	占位
error	错击	opponent	对方

pause	暂停	snooker	英式22球
penalty	罚球		（斯诺克）；障碍球
pinkspot	粉球置点	snookered	死球
player	运动员	split-hit	争议球
playingaren	台面	spots	置球点
pocket	球袋	spottingcolours	放置彩球
pocketgame	有袋式台球（落袋）		（英式用法）
poolroom	台球厅	stalemate	僵局
positionexercise	主球走位练习	starting 2(two)	排名第二
pot	进球	stopshot	定杆
prelim	预赛	stroke	一击（球）
prickstroke	扎杆	sub-side	缩杆（低杆）
pushstroke	推杆	table	球台
quarterfinal	1/4决赛	the"D"	开球区（D形区）
rank	名次排列	thickcut	厚球
referee	裁判员	thincut	薄球
rest	架杆	tiescore	平局
rulesofplay	台球规则	tip	杆头
scorer，jidge	记分员	toppocket	顶袋
scoring	记分	topspin	上旋球
scoringboard	记分牌		（推杆，高杆）
seeded	种子选手	totalpoints	总分
seeded 1(one)	1号种子选手	touchingball	贴球
semifinals	半决赛	tri-angle	球框
serveline	开球线		（用来摆球的三角框）
sidespin	偏杆	yellowspot	黄球置点

后记

　　截止到2019~2020赛季，在世界职业斯诺克的128人大名单中，中国球员最高达到二十余人。中国已经成为除英国外，职业球员最多的国家。另外，目前在中国举办的世界职业排名赛已有四站，分别是北京的中国公开赛、大庆的国际锦标赛、广州的中国锦标赛、玉山的世界公开赛。再加上两站非排名赛——上海大师赛、无锡斯诺克世界杯，在中国举办的职业顶级赛事就多达6个。这充分体现了近年来斯诺克在我国的迅猛发展。

　　与此同时，中式台球也从一项平民草根运动，逐步发展成为一项为世界所认识并认可的台球运动项目。中式台球世界锦标赛自2015年开始已在我国连续举办了5届，吸引了包括马克·塞尔比、尼尔·罗伯逊、马克·威廉姆斯等斯诺克顶尖球员参赛，而世界九球顶级球员更是倾巢而出，纷纷参赛。中式台球已成为台球项目中重要的存在。

　　台球在中国已经成为一项普及程度非常高的运动。期待全世界的台球组织齐心协力让台球运动在未来得到更大的发展，让台球在更多的国家流行起来！让我们共同期待台球成为奥运会比赛项目的一天能早日到来！